图书在版编目（CIP）数据

北京古建筑物语. 一，红墙黄瓦 / 张克群著. — 北京：化学工业出版社，2017.7(2020. 2 重印)
ISBN 978-7-122-29628-3

Ⅰ. ①北… Ⅱ. ①张… Ⅲ. ①古建筑—介绍—北京 Ⅳ. ①K928.71

中国版本图书馆CIP数据核字(2017)第100794号

责任编辑：周天闻　龚风光　　　　装帧设计：后声文化
责任校对：宋　夏

出版发行：化学工业出版社（北京市东城区青年湖南街 13 号　邮政编码 100011）
印　　装：北京新华印刷有限公司
880mm × 1230mm　1/32　印张 6¾　字数 135 千字
2020 年 2 月北京第 1 版第 5 次印刷

购书咨询：010-64518888　　　　售后服务：010-64518899
网　　址：http://www.cip.com.cn
凡购买本书，如有缺损质量问题，本社销售中心负责调换。

定　价：48.00 元

序一

记得妈妈领着年幼的我和妹妹在颐和园长廊仰着头讲每幅画的意义，在每一座有对联的古老房子前面读那些抑扬顿挫的文字，在门厅回廊间让我们猜那些下马石和拴马桩的作用，并从那些静止的物件开始讲述无比生动的历史。

那些颓败但深蕴的历史告诉了我和妹妹世界之辽阔，人生之倏忽，而美之永恒。

妈妈从小告诉我们的许多话里，迄今最真切的一句就是这世界不止眼前的苟且，还有诗与远方——其实诗就是你心灵的最远处。

在我和妹妹长大的这么多年里，我们分别走遍了世界，但都没买过一尺房子。因为我们始终坚信诗与远方才是我们的家园。

妈妈生在德国，长在中国，现在住在美国，读书画画考察古建，颇有民国大才女林徽因之风（年轻时容貌也毫不逊色）。那时梁思成林徽因两先生在清华胜因院与我家比邻而居，妈妈最终听从梁先生建议读了清华建筑系而不是外公希望的外语系，从此对古建痴迷一生。并且中西建筑融会贯通，家学渊源又给了她对历史细部的领悟，因此才有了这本有趣的历史图画（我觉得她画的建筑不是工程意义上的，而是历史的影子）。我忘了这是妈妈写的第几本书了，反正她充满乐趣的写写画画总是如她乐观的性格一样情趣盎然，让人无法释卷。

妈妈从小教我琴棋书画，我学会了前三样并且以此谋生。第四样的笨拙导致我家迄今墙上的画全是妈妈画的。我喜欢她出人意表的随性创意，也让我在来家里的客人们面前常常很有面子——这画真有意思，谁画的？我妈画的！哈哈！

为妈妈的书写序想必是每个做儿女的无上骄傲，谢谢妈妈，在给了我生命，给了我生活的道路和理想后的很多年，又一次给了我做您儿子的幸福与骄傲。我爱你。

高晓松

序二

北京有大量的新建筑，又有历史留下的丰富的古老建筑和近代建筑，可以统称之为历史建筑。新建筑和历史建筑都是不可缺的，新建筑满足现今的实用需求，历史建筑是珍贵的文化遗产。有人认为现今的建筑不如过去，有厚古薄今的倾向，我主张以杜甫“不薄今人爱古人”的观点对待古今建筑。

建筑是物质文化与精神文化耦合的产物。每一座建筑都铭记着建造年代的生产技术与社会人文状况。新建筑所带的信息，限于当时当代，而老建筑在其存在的过程中，长时期与过去时代的人和事直接或间接地有所牵连，因而附着和积淀了比新建筑远为丰富的人文信息，相关的历史文化物化于其中，可触，可感，是某一历史片断的真实凭证，能引人遐思，感动今人，因此更有看头。人们在国内和境外旅游，对古老的建筑有兴致，这是原因之一。

建筑既是实用之物，又是一种艺术品，而且多数是一种公共艺术品，一般情况下，人们容易看到和观赏。然而，与文学、戏剧、绘画等艺术门类相比，建筑艺术是象征性的，它自身不能叙事，一般人要认识和理解建筑中包含的信息，需要有人加以指点、讲解才行。张克群女士所著北京古建筑物语系列3种：《红墙黄瓦》《晨钟暮鼓》及《八面来风》，对北京众多古建筑和近代建筑作了简明扼要的介绍和生动的讲解，正好满足人们观看和理解北京古、近代著名建筑的需要。这些书不仅对外来者有用，对长居北京的人也有裨益，值得向读者推荐。

我曾在清华大学建筑学院学习，后来做教员，克群听过我的课。而我在做学生时，先读的是航空工程系，当时听过克群父亲张维教授的力学课，张维先生透彻的讲解、洪亮的话音迄今不忘。克群的母亲、著名流体力学家陆士嘉教授当时在清华航空工程系任教，我后来改学建筑，未及聆听她的讲课。这都是半个多世纪以前的事了。

克群完成这些书，即将付印，我很高兴，是为序。

吴焕加

清华大学教授

（吴焕加，1929年生于苏州，清华大学建筑学院教授，中国建筑学会建筑师学会建筑理论与创作学术委员会委员。对中外建筑史研究颇深。著有《外国现代建筑二十讲》《建筑学的属性》《20世纪西方建筑名作》《中外现代建筑解读》等。）

前言

我的建筑情结

我从小到大一直在清华大学里转悠。开始是念清华附小，然后是清华附中、清华大学。要说清华园，那真是个得天独厚的世外桃源啊：不光是有山有水有河流，而且它既有清代王府的底子，又在外国人手底下建了一批“洋房”，这简直就是个东西方文化融汇的小型实物建筑博物馆。

我家后面不远的地方住着建筑系的教授梁思成先生，我们称他为梁伯伯。梁伯伯下巴上有个挺大的痦子，我曾问过他那是干什么用的，他说：“我要是想你了，就按它一下，嘟嘟两声，你就来啦。”我信以为真地踮起脚用手去按了一下，结果并没有发出什么声音来，倒是逗得梁伯伯哈哈大笑起来。

1959 年我上高中一年级。那年暑假，大学组织教师和家属去北戴河海边避暑。这天我正坐在沙滩上写生，忽听脑袋上方一个和蔼的声音：“啊，你喜欢画画呀，画得还不错嘛。”抬头一看，是刚刚游泳上岸的梁思成伯伯。梁伯伯问我高中毕业后想考什么大学，我说还没想过。梁伯伯说：“想不想学建筑呀？”我问：“建筑是学什么的？盖房子吗？”梁伯伯光着膀子坐在我的边上，连比带画地给我讲了起来。大致意思是说建筑是比工程多艺术，比艺术多工程。我说，那我将来就考建筑系吧。梁伯伯一听很是高兴，叫上刚从海里爬上来湿淋淋的弟弟一起照了张相。

1961年，我如愿地考上了清华建筑系，终于可以正式在课堂上听梁先生讲课了。梁先生教的是中国古代建筑史。作为他的学生，我亲眼目睹了他对中国古建由衷的热爱。在放幻灯片时，他会情不自禁地趴到当作幕布的白墙上，抚摩着画面上的佛像，口中念念有词道："我是多么喜欢这些佛爷的小胖脚指头啊！"在他的课上，我深切地感到中国文化深厚的底蕴和古代匠人们的聪明睿智。

2002年春天，我基本退休了，我想：既然生活在北京，我就要把身边的古代建筑先闹个明白。于是我边查阅资料，边看实物。从5月初到11月底，我跑遍了北京城里和远近郊区县的大小村庄。一听见谁谁说哪里有个古庙，马上驱车前往。朋友们都笑称我是"破庙迷"。后来因故到了美国，当了个大闲人，为了打发光阴，几易其稿，终于纂成了三本"北京古建筑物语"。其一，《红墙黄瓦》，说的是皇家建筑；其二，《晨钟暮鼓》，讲的是宗教建筑；其三，《八面来风》，叙的是早期洋人在北京盖的建筑。

有人问我："费了半天牛劲，你为什么呢？出版赚钱？写着过瘾？"

我说："什么也不为，只为此生的这段建筑情结。"

目录

卷七·其他

卷四·庙宇

卷五·园林

卷六·陵墓

概说

据说，世界公认的有四大古都，它们是：巴比伦、开罗、长安、君士坦丁堡；中国自己也有四大古都：西安（长安）、洛阳、南京、北京。前一组那四大古都，古则古矣。巴比伦建于公元前3000年代后期，还没熬到公元呢，就在公元前539年让波斯人和马其顿一干人等给灭了。之后连年的战争，尤其是现代武器的使用，使得原来的房子几乎是一点影子都没了，还剩点儿古瓶

故宫

子古罐子的，连卖带抢，也快给折腾没了。君士坦丁堡的命运也不大好，随着改朝换代，名字都改了。开罗还行，可埃及真正的古都孟菲斯也仅存遗址而已。唯有北京，不但建都的几朝都是统一的泱泱大国，而且基本没换地方，保持到今。更有一个别处少有的特点：这几个朝代的当朝皇上分别是契丹、女真、蒙古、汉和满等不同的民族。他们的宗教信仰、文化传承乃至脾气秉性都各不相同。这就使北京具有了民族大掺和的特点和包容性极强的性格。

辽南京城
金中都
元大都
明清北京城
德胜门
安定门
西直门
东直门
阜成门
朝阳门
广安门
宣武门
正阳门
崇文门
广渠门
右安门
永定门
左安门

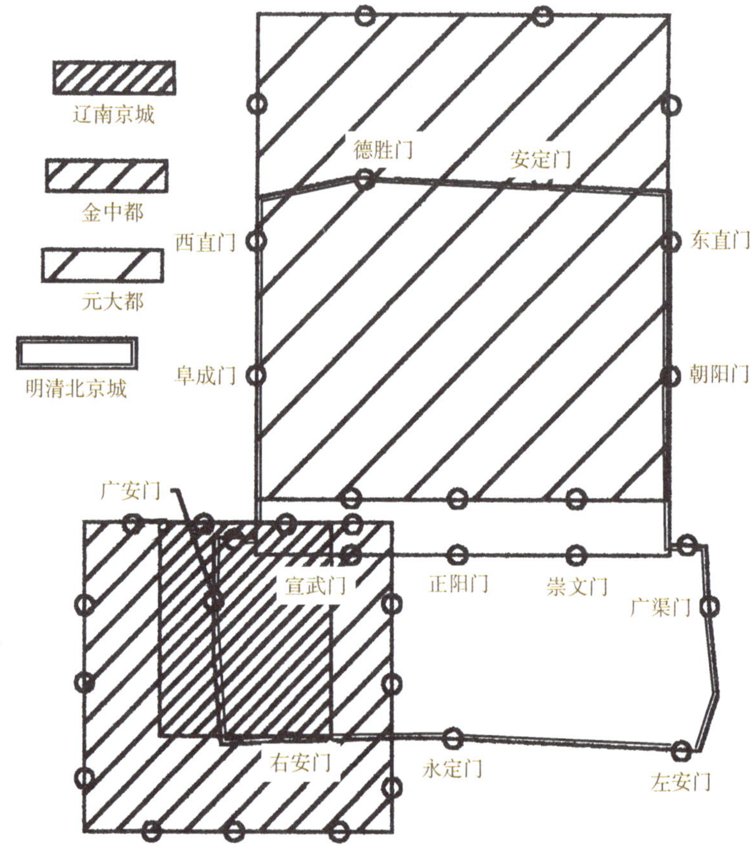

北京城历史变迁图

建德门
安贞门
肃清门
光熙门
高梁河
和义门
积水潭
崇仁门
金水河
万宁桥
社稷坛
太庙
皇城
宫城
平则门
齐化门
太
液
池
通惠河
北
顺承门
丽正门
文明门
金口河

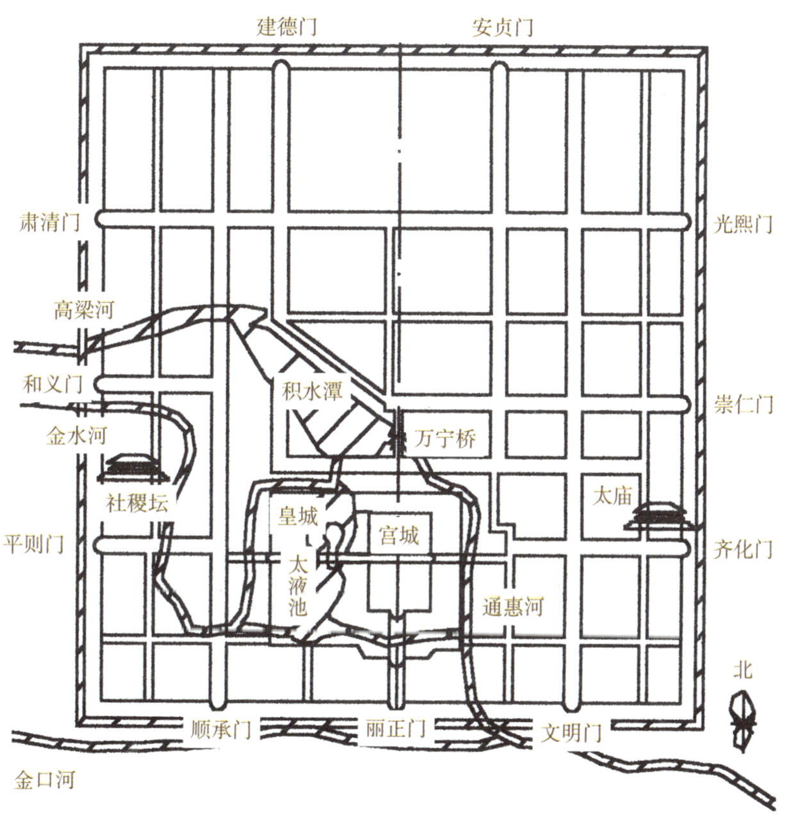

元大都平面略图

北京为什么颇得自辽、金以来历代皇帝的青睐呢？这得归功于它优越的地理位置。它地处三角形的华北大平原最北端，背山面海。古人曰：“凡立国都，非于大山之下必于广川之上，高毋近旱而水用足，下毋近水而沟防省。”这段话意思是说，建一个国都，要背山面水。千万别在高原上，不然会旱着，也别太靠水边，省得淹了。这说的简直就是北京嘛：燕山在背后、渤海在面前。况且这里地处北温带，冬天不太冷，四季分明气候平和，很适合人居住。

北京有多大岁数了呢？到 2017 年，北京已是 3060 多岁的老老老太爷了。

怎么这样精确呢？这可是历史学家和天文学家共同努力的结果。对了，还得感谢考古学家呢。

北京的诞生要从周武王十一年灭纣算起。因为在这一年，周武王“封召公于北燕”。这事记载在 1976 年在陕西临潼出土的青铜器簋上。簋的身上刻着字，大意是说：“周王说，太保，你用盟誓和清酒来供奉你的君王，我非常满意，所以命克做燕地的君侯，…”燕，就是北京最早的城市的名字。克，是太保的大儿子。那么，周武王十一年按公元算是哪一年呢？这里用上考古的了。出土的青铜器上记载，那年，天上有彗星出现，经查，这个扫帚星哈雷彗星每 76 年来跟地球打一声招呼。又看了一些古书，认定这一年是公元前 1045 年。3060 多岁，就是这么来的。

太保是个官衔，此时的太保叫姬奭。可太保姬奭要在周朝廷上班侍奉周武王，没工夫管燕国的事，就让大儿子克去管理燕。克作为真正的第一代燕国的父母官，感到特荣耀，臭美之余，就把这件事刻在了他上台时铸造的青铜器上了。

那么，燕怎么就变成北京了呢？古代因为频繁地换君王，地名也就不断地改呀改。自西周至唐的1700余年间，北京作为北方重镇经过了13个朝代，名字也换过好几个，幽州、涿郡、范阳都是北京的曾用名。不过那会儿这里都是边远小县，不受重视。唐代时，这里有点地位了，叫幽州。而正经称“都”，应该是从辽国开始的。

公元938年，即五代十国期间，包括北京在内的燕云十六州（北京及天津、河北、山西的部分区县）被那个臭名远扬的石敬瑭当作礼物送给了契丹人。于是北京成了辽国的陪都并改名南京。爱看金庸小说的都喜欢《天龙八部》里的乔峰，本姓萧，萧峰。萧大侠就是镇守辽南京城的。

公元1125年，金朝灭辽。1153年，海陵王把金朝首都迁到这里，扩大了规模并改称金中都。这一年，北京正式成为了一个大国的首都。

公元1215年，成吉思汗率大军攻克金中都。之后，元世祖忽必烈从草原来到中土大地，一下子就看上这块地方，1267年，把元朝的首都从草原迁到这里，在原金中都的东北边破土另建，并改名叫大都，开始了北京作为全国政治、文化中心的历史。

从“陪都”到“都”又到“大都”，与时俱进哪！

公元1420年（明永乐十八年），明成祖朱棣把明朝的首都正式从南京搬了过来，并改大都为“北京”。咱们现在看见的北京城的大致模样就是那时候形成的。

公元1644年（明崇祯十七年，清顺治元年），大明王朝结束于景山脚下，同年十月初一，顺治皇帝在灭了明朝后，从草原来到天安门广场，也迷上北京了，跟元朝一样，也把清政府从今天的沈阳迁到了北京。

公元1949年，中华人民共和国成立。毛泽东用浓重的湖南话宣布中华人民共和国中央人民政府成立，北京成为了新生的共和国的首都。

自项羽火烧咸阳宫以来（以前说是阿房宫，后有人说，阿房宫根本就没盖起来，那只是诗人杜牧嘴里的建筑而已，谁知道呢？），历代开国之君似乎都传染了一个坏毛病：一上台就非要将前朝的都城、宫室、陵墓等夷为平地不可，据说这样做可以断前朝的王气。几千年来修了烧，烧了修，也不知建了多少茬宫殿，以至于把中国原本茂密的森林都砍得差不多了！但是清朝却保留了明代的城墙、宫殿、陵墓以及一切城市建筑，使我们至今仍能看到相当完整的明清北京城，真乃幸事！

千余年来北京城遗留下来大量不同类型的建筑，其中最重要的是宫殿、祭坛、园囿、陵墓等供皇帝一家子及群臣享用的大型建筑群。当然，国内其他地区保存得更为古老的建筑还有的是，但却没有比它们等级更高、更完整、更巨大、更华丽的建筑组群。500 余年来这些建筑倾全国的人力物力，踵事增华，在结构、材料、技术和工程质量方面都是最优等的。

您也许是个地道的北京人，或在北京长长短短住过的人，也可能仅仅是个旅游者。但我相信你一定曾为北京巍峨的城门、绚丽的皇宫、开阔的园林所倾倒。或者你对它还有些生疏，那么，就请跟着我的笔，把你去过的、没去过的地方走上一走吧。

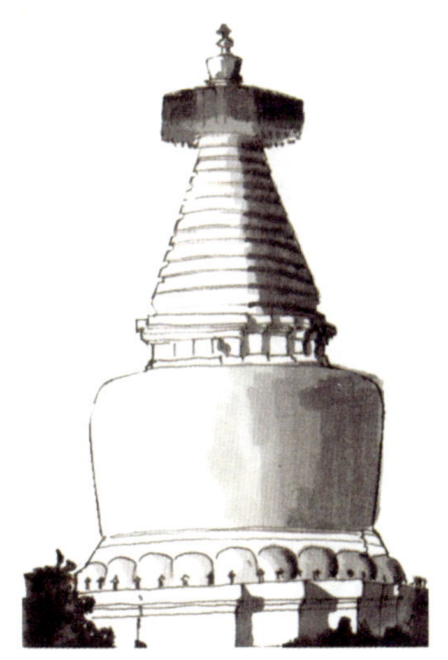

妙应寺塔

蓟门烟树碑

北京鸟瞰

卷一 城市

首都，顾名思义是国家的大脑，也是这个国家的脸面，因此它的选址要考虑多方面的因素。最主要的因素有四个：自然环境、经济状况、战略位置、社会基础。以此作为考察条件，你会发现北京是很符合要求的。头一条，自然环境好，按我大哥的话说："北京多好啊，夏天游泳，冬天滑冰，春秋天放风筝。"皇帝要是住得不舒服，他是决不愿意待在这里的。第二条也很重要，那么多人挤在一起，吃喝拉撒都得供应得上，其中供水是重中之重。而北京在古代是个富水的城市。你要能看见元代北京的水系图，会惊奇地发现，北京那密布的河流简直不亚于如今的江南。第三条更是不能掉以轻心的。纵观北京，北面绵延起伏的大山是抵御日益强大的北方入侵者的天然屏障，东南广阔的平原又方便了和中原内地的联系，是不可多得的战略要地。第四条北京历史悠久，人杰地灵，从古至今全国的精英都爱上这里来扎堆，扎不进去的，漂也得在这儿漂着！

一个城市是凭什么来规划的呢，这在老祖宗写的《周礼·冬官考工记第六》中早就给规定好了，这就是："匠人营国，方九里，旁三门，国中九经九纬，经涂九轨，左祖右社，面朝后市。"这段话意思是说，一个城市应该是方的，跟个象棋盘似的。每边长九里，每面城墙上开三座门。城里应有东西向、南北向的街各九条（看来象棋就是根据这个原则订的，也有九条直线呢）。街宽要是车子宽的九倍。祖庙在左，社稷坛在右，朝廷安排在城的前面，市场在后面。城里面还有个小圈圈，叫皇城，就像象棋里老将和士在里面转悠的那个小方块儿。象棋里炮的位置就是东单西单，而前面的一排兵卒，那就是城墙啊。所以建在北京的几朝国都虽然地理位置不完全相同，可形状、布局都差不多。

在古代，城墙、城门不仅是一个城市的象征，也是它不可缺少的防御设施。大到首都，小到县城甚至大一点的村子，没有没城墙的。城墙在今天看来挡不住什么，可是古时候还真有用呢。你看，诸葛亮往城门楼上一坐，又扇扇子又抚琴，不时地还喝口热茶，可那司马懿他站在城外转悠半天就是不敢进来。北京作为辽代的陪都，金、元、明、清四朝的首都，城市的设施建设更是完善之极。

现在，让我们来看看远古时期北京地区的城镇和自辽以来的五个朝代在北京都是如何营建他们的都城的吧。

远古时期 北京地区的城镇

前面咱们说过，北京城是从“燕”开始的。据考证，燕国建在今北京房山区琉璃河的董家林村。我特地去了那里。从那里的古燕国城墙遗迹看，该城平面为正方，按商代的尺计每边正好九里。城墙没有基础，由平地筑起。分城外平台、主墙和内附墙。城外有环城壕沟。主墙以红褐色硬土夯成，很是坚硬，我用手指头抠了抠，纹丝不动，倒是指甲差点儿劈了。城墙厚足有 3 米。

河北易县燕下都遗址

明清北京城

公元1368年，朱元璋称帝，大概因为自己是南方人（安徽），不大喜欢在北方待着，遂立了南京为国都。但他的儿子朱棣在北京当了19年的燕王，对北方的山山水水乃至气候、人文环境都很熟悉，据说还爱吃羊肉串，因此始终钟情于北京。当然，从政治上考虑，他也是为了更好地防御北方少数民族入侵。从朱棣上台（公元1403年）伊始，他就打算迁都北京。经过十几年的筹划、备料、施工，永乐十八年（公元1420年），北京的城墙、主要建筑和皇宫都已建成，于是朱棣在第二年将国都正式迁了过来，只把老爸的坟留在了南京。

仔细看，除了我们熟悉的城门、各类祭坛之外，东城、西城各有一个“禄米仓”。这是干什么的呢？原来，古时候发工资，不是给一堆纸票，也不是发银子，而是给粮食。白居易在他的诗《观刈麦》中写道：“今我何功德，曾不事农桑；吏禄三百石，岁晏有余粮。”就是生动的说明。不过我奇怪，他拿什么去拉这些粮食啊？总之，这俩仓就是领工资的地方。还有

地坛
德胜门
安定门
内
城
钟鼓楼
国子监
孔庙
西直门
东直门
海运仓
禄米仓
太平仓
皇
城
太仓
阜成门
万岁山
朝阳门
太液池
禄米仓
紫禁城
月坛
日坛
天安门
西便门
东便门
宣武门
正阳门
崇文门
广渠门
广宁门
外
城
山川坛
天坛
右安门
永定门
左安门

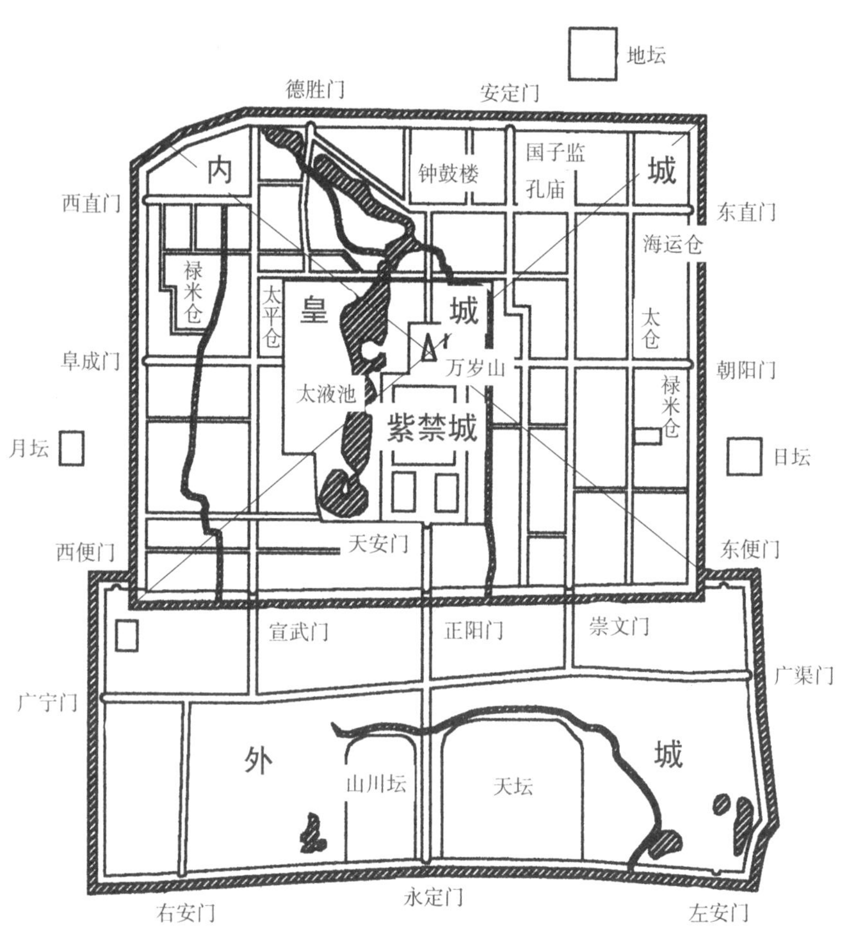

明代北京城略图

几个仓，各有各的用途。比如太平仓、太仓是元代留下来的，都是贮藏各类粮食用的，属皇家粮仓。

明代北京城是在元大都的基础上改建的。整个城市在原来三重的基础上又加了一层，由四圈城墙组成。紫禁城居中，外包皇城，再外是内城，最外是外城，重重环绕，把皇帝一家子严严实实地围在最中间。内城加外城总面积约 60.6 平方公里。每圈城墙大体都是方方正正的，除了为象征“天缺西北地陷东南”，内外城各缺一角外，没什么不规则的地方。(也有人认为，城墙缺角是由于修建时为了避开那里的河床或沼泽湿地。)因此，街道都横平竖直四平八稳且正南正北的。到了北京不容易迷路，皆出于此。

紫禁城又称故宫，是最里面的城。紫禁城东西宽 753 米，南北长 961 米，占地约为 72 公顷。它是皇帝居住、办公的所在地。皇帝的一家老小也住在这里。紫禁城于明永乐十八年（公元 1420 年）基本建成。后因雷劈、火烧等原因多次重建和扩建，但前三殿、后三宫、东西六宫仍是明代的格局。紫禁城的位置比元大都的宫城向南移了许多。这是因为原宫城中心已被毁并改造成了景山。这一来，整个内城也不得不向南移动了。

皇城是第二圈，它把皇宫、园囿及宫廷服务部门包了起来。这样皇上要想简单地活动一下胳膊腿，就不用兴师动众地出城了。皇城东西宽 2500 米，南北长 2750 米，几乎是个方块。砖砌的围墙刷成红色，顶覆黄琉璃瓦，显出帝王特有的典

故宫午门

雅尊贵。城的四面各开一门。南门是天安门，其余三面为地安门、东安门、西安门。除了天安门外，后三个城门现已不复存在，仅余地名而已。只有天安门依然健在，年年整修，并已成北京乃至中国的象征了。

皇城的西南缺了个角，那里原来是元代留下来的庆寿寺。后来庆寿寺没了，缺角也补不上了。

内城是第三圈，包在皇城外面。它的东西宽 6672 米，南北长 5350 米。城墙为夯土包砖，看来明代的汉人比元代的蒙古人更重视其防御功能。四面墙开有九座城门，因有“四九城”之称。东面两门为东直门、朝阳门；南面即正面三个门：崇文门、正阳门、宣武门；西面俩门：阜成门、西直门；北面也是两个门：德胜门、安定门。正阳门因为在皇城前面，俗称前门。记得有一种香烟，牌子就叫大前门。

别看明清北京城的城墙质量不如元大都，城门楼却辉煌得很。内城的各城门楼都是砖券门洞，上建两层重檐歇山屋顶油漆彩画的城门楼。城门楼是不设防的，看上去类似戏台，大约是供领导视察用的。但它却是真正的城门，也就是说，它是正骑在城墙上。

以前，城门外很热闹，很是平民化。大约因为不归皇上管吧。比如前门外，天桥、大栅栏等都在这里。

城门之外还有箭楼，那是防御用的，所以向外的“窗口”都是些小方洞，用来射箭。城门和箭楼之间用墙围起来，连墙

老东北角楼

带两个城门楼统一被叫做瓮城。

瓮城用于屯兵。要打仗了，守城门的士兵们就待在这里。为了给他们做思想工作，这里还有两个必备的设施：关帝庙和观音庙，也有供真武大帝的。其目的一是要讲勇敢作战，二是关爱生命，不管是自己的还是老百姓的。

德胜门箭楼是雄极一时的北京城留下的两个箭楼之一。我的小家很长时间都住在德胜门外的六铺炕，所以对这个箭楼很有感情。还有一个是正阳门城楼和箭楼。不过正阳门箭楼上被一个外国人心血来潮地加了个白色的装饰，弄得有点不伦不类。我觉得倒是也不难看。

老前门大街

东直门城楼、箭楼及瓮城

正阳门瓮城

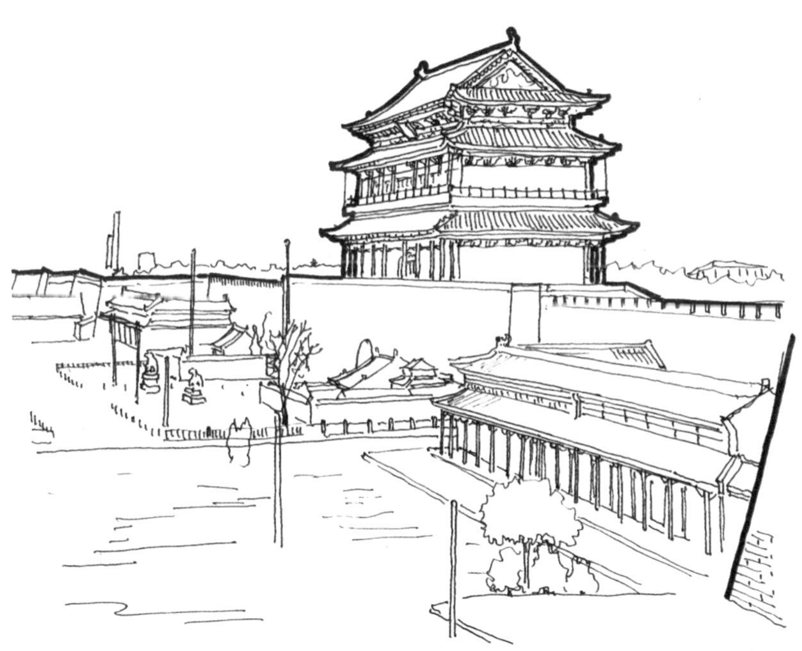

1916 年的正阳门

德胜门箭楼

旧日的东单牌楼

城门外有一道深深的城壕，称为护城河。古时候跨河设有吊桥，后来老也不打仗了，人们嫌吊桥揪来放去的太麻烦，就给改成石桥了，有的桥外还设牌坊。内城的四角有曲尺形角楼，外城因为银根短缺，角楼也简单化了，就起了个二层小楼了事。发现了吧，跟故宫的角楼差得可不是一星半点啊！

内城与皇城之间的南部为主要衙署的办公室，其他几面多为高级住宅区。城内两条南北向大街与东西向大街的两个交叉路口各建四个牌坊，俗称东四牌楼、西四牌楼。而在它们与长安街交叉的两个路口则建有单座牌坊，俗称东单牌楼、西单牌楼。这些地方都是商业区，它们主要是为城里的达官贵人服务的。皇上要想微服私访，也可以在这类地区转悠转悠。

天宁寺塔

天宁寺塔局部

天宁寺塔局部

因为东四牌楼什么的被简称为东四、西四，弄得有些外地来京的人不明白了。曾经有人问我："东40条（东四十条）怎么走？"看来他得读读这本书。

有趣的是各门分工明确，叫做九门九车：皇帝的龙辇走正阳门，朝阳门走粮车，东直门走木材车，崇文门走货车，安定门走粪车，西直门走水车，阜成门走煤车（因此城门洞里还刻了梅花的图案），宣武门走囚车，德胜门因为名字吉利，历来兵车都走这里。不过挥师出征和得胜回朝不能走同一条路，因此德胜门没有城门洞，大家都绕着城楼走。其实这里只打过一次大战，即明景泰年间于谦率部在此与瓦剌的激战。清康熙三征噶尔丹，也由此门出入。

各城门于明正统四年（公元1439年）全部建成，大部分又毁于战火纷飞的明末，清初时又重建了一回。那雄伟的城楼，高大的墙垣，河边的垂柳衬着护城河的倒影，曾是北京的一大景观。如今正阳门的城楼及箭楼、德胜门箭楼、东便门角楼及一小段残墙，便是雄踞北方500余年举世闻名的明清北京城垣仅存的地面标志了（泪飞！）。

明嘉靖年间，俺答汗率军兵临北京城下，有人提出，为安全起见，在内城之外再加建一圈外郭，嘉靖准奏，于是先从南面开工（犯傻啦，敌军在北面呀！）。嘉靖四十三年（公元1564年）南城建完，再想接着建另三面吧，一查国库，没钱啦，只好作罢，因此形成了现在北京城的南面凸起一块的奇怪平面。这块南外城东西宽 7950 米，南北长 3100 米，开有七座城门。东面是广渠门，西面是广宁门（清道光年间因皇帝名叫旻宁，忌讳宁字，遂改为广安门），南面是左安门、永定门、右安门，北面角落里一边一座的是东便门、西便门。北墙的三个门即内城南墙的三个门。

外城是手工业区和商业区。从陆路入京的货物经卢沟桥进广安门，在这里集散。因街道是随商业兴隆而发展，张三盖一间铺子，李四挨着他再建一间。既没建筑师指导，也没测量的帮忙。接来建去的，街道就歪歪斜斜的了。这与内城有规划而建的整齐划一的方格子式的街道有明显不同。各省府州县多在此设会馆，进京混事的文人（老一代北漂），局级以下的小官、商人及平头百姓大半住在外城。

整个城市有一条南北走向的中轴线。这条中轴线沿用了元大都以万宁桥为中心的原则，全长 8 公里（确切地说是 7500 米）。

我住在六铺炕期间（1971—1992 年），这个对北京市城市规划如此重要的桥，根本没有桥的样子，记得有些栏杆在街边上。我们去那边主要是去地安门商场买东西，对于平白无故长出来的栏杆，根本没多想。

2004 年我从已经定居的洛杉矶回国，听说在北大教授侯仁之的建议下，这个桥被从地底下挖了出来，还通了点儿水，特地去看望这个我们以前叫后门桥的万宁桥。桥本身倒没什么稀奇，有趣的是在桥两侧的驳岸上，各有一条活泼可爱的小龙。据说那是龙的第六个儿子，叫蚣蝮。他特别爱水，因此让他在这里趴着看个够。

在这条中轴线上的建筑，都是对全城的建筑布局和城市的轮廓线的形成起着关键作用的。要不是有景山在那儿挡着，如果有谁把中轴线上的城门全都打开，你在永定门外趴在地上从城门洞里往北看，能一眼看到钟鼓楼，你信不信？

现在，你先打个的，到永定门下车（此门已被重建了），然后从南往北走过来。如果你喜欢左顾右盼，会先发现永定门至前门这段的两侧，有天坛和先农坛两组大建筑群。然后再跨过时空，你就会走上一座汉白玉桥，从桥上跨过护城河，再穿正阳门箭楼和城楼而过。正阳门是五间两层的城楼，外有半圆形瓮城。城楼在1900年被八国联军毁去，现存城楼改建于1914年。城门楼下面的大门洞在古代几乎永远关着，除非皇上要出城。现在，你走到正阳门下了。抬头，看看“正阳门”三个字有什么特别吗？对啦，那个“门”字最后一竖笔没有勾。为什么？只因皇上要走这里，皇上脑袋上悬着个钩子，那还得了！所以就把那个勾儿给抹去了。

自正阳门向北，中轴线上的建筑疏密起伏逐渐加大。在天安门与正阳门之间约800米内布置有大明门、长安左门、长安右门，俗称三座门。两侧有千步廊。大明门与正阳门之间有棋盘街和千步廊。这一带是主要的衙署区，可以想象一下，各

万宁桥

虮蝮

衙门的大员们身着蟒袍玉带匆忙而频繁地穿行于其间。这些建筑自清末以来陆续拆改，现已无迹可寻。

犼

天安门建在开有五个门洞的红色砖墩台上，面阔九间，重檐歇山黄琉璃顶。我想，天安门咱们都见过，不少人还跟它合过影，这里，咱们就不表它了，让我们仔细看看常常被人忽略，却又很好看的华表吧。它们一左一右地站在天安门前，如同两个忠实的卫兵，一站就是将近600年。

华表

华表这种形式是什么意思呢？众说纷纭。其中之一说是它起源于古代部落的图腾，它的顶部蹲着一头怪兽，那不是狮子，也不是老虎，而是一种叫犼的玩意儿。让它蹲在那里，脸朝宫外，是盼着出游的皇帝早日归来管理国家。

这表明咱们的先人对于王权的一种期望。说白了，就是盼着咱国家有个好皇帝。你瞧，那根大柱子上缠着龙，那便是皇权的象征了。

明清两代皇帝每年大祭祀都要从这里进出。国家有大典也要在天安门上颁诏。颁诏时文武百官按官职大小依次在金水桥上按官衔大小面北跪拜，宣诏官把诏书用一个木雕金凤的嘴衔着从城楼上缒下，底下的人接到诏书后，还要送到礼部，交给类似复印机的大批书生们用工整的笔体誊写多份，然后颁告天下，这就是所谓“金凤颁诏”。天安门前是外金水河及五道石桥，桥南有石狮、华表各一对。华表刚才咱们看了，桥栏杆的雕镂也极其精美生动，当是永乐年建都时的原物。从天安门穿进去，北面的端门形制与天安门同。再往北即紫禁城南面的正门——午门了。

你旁若无人大摇大摆地进了紫禁城，踩着中轴线沿午门继续向北，穿过前三殿、后三宫便直抵紫禁城北门神武门（过去叫玄武门，南朱雀北玄武嘛。因为康熙皇帝叫玄烨，为避讳玄字，给改成了神武门）。出了神武门，可爬上全城的几何中心，又是最高点的景山万春亭。站在此处极目四望，北京城的近观远景历历在目。

再向北是一条南北向的大街。大街尽头为皇城的北门地安门。如今门已不在，就剩个地名“地安门大街”了。沿此街继续向北，过了万宁桥，就可直抵鼓楼之前。鼓楼下部为砖

北京钟鼓楼

钟鼓楼

砌，上为木构五间重檐歇山顶的楼。鼓楼之后又有体积小了一号的钟楼。古时候鼓楼司夜，钟楼司昼。也就是说，每日傍晚擂鼓，清晨敲钟。击鼓自有规矩：初鼓在戌正时分（晚8点），以后每过一个时辰击鼓一次。上起文武百官下到平头百姓，作息时间皆以鼓声为准。不过我觉得要真是那样，还不每一小时就从梦里惊醒一回？要不然怎么北京有句歇后语呢："钟鼓楼上的家雀——耐惊耐怕。"

这两个体形端庄前后相重的建筑，给全城中轴线画上了一个完美的句号。唐人骆宾王言道"不睹皇居壮，安知天子尊"。北京城如此强调中轴线，正是要给人以皇权至高无上的印象。你是否也有同感？

城市的中心偏西，有一溜河湖并举的水，古称太液池。明代将原太液池南段分为北海、中海和南海，这是城内最大的水面。它不但是风景优美的皇家园囿，也有调节水量和小气候的作用。北段的什刹海、后海、积水潭则是供城市居民垂钓游赏的地方。原来这片水与大运河是相通的，可是到了清代，因古河道淤塞，大运河到不了城里了，这些“海”们也就自力更生地成了湖了，虽然为了好听还叫海。

为了修建各类殿宇，北京城内建了一批用作施工准备的工程。如神木厂是储存木料的；大木厂是加工木料的；台基厂是加工石料的；黑窑厂（在陶然亭）里烧制特种砖，现在陶然亭的湖就是那时挖土烧砖形成的；琉璃厂，顾名思义是烧琉璃砖瓦的地方。这些加工厂一直用到了清朝中期。

清朝的前几位皇帝都挺谦虚的，自知文化底子浅，出自对汉文化的崇拜，对北京城的总体布局并无更动，只是清朝的机构设置与明朝不同，因此官邸的布局不同。另外，因为明成祖朱棣是篡权夺位上的台，为了防止后世子孙们学他而故伎重演，自朱棣以后的明代皇子皇孙们都给分封到外地当王去了。到了清王朝，他们在学习明史时发现那些外地的王爷们在自己的领地上往往不大老实，于是学了唐朝的办法，把皇子们都拘在内城，在皇上眼皮子底下住着。那会儿没有计划生育，有着三宫六院的几个乃至几十个大小老婆的皇帝可以撒开了生孩子，弄得北京城内挤了一城的亲王、格格和贝勒们，满地都是王府。

景山万春亭

至今有名有姓保存完好的王府还有124座之多。众位爷上哪里去消磨时间呢？为此又大肆扩建和新修了西山的三山五园等旅游景点，供皇族们享用。

明清北京城是集中了两朝开国全盛时期全国的人力和物力进行的，且从设计到施工，完全是自主研发的，没有一个外国人参与。它既继承了历代都城的成功经验，也结合了当时的政治、经济、军事情况。规划严整，一气呵成，具有宏大的气魄。可以毫不夸张地说，明清北京城充分反映出我国古代在城市规划和建设上最杰出的成就。

卷二

宫殿

宫殿是指皇帝居住和办公的地方。北京的宫殿主要就是指故宫。在了解故宫之前，让我们先看看它在建筑上的一些特点。

西方的建筑是以石材为主，因而形成了粗大雄健的建筑形式和风格，而中国的建筑几千年来一直以木头为主要建筑材料，显得纤细而华丽。

既然以木材为主，最合理的结构形式就是“梁柱式”。以 4 根立柱上架梁枋，互相榫接成为“一间”。它的构件大至梁柱，小至斗拱都是在地面上预制好了的，现场连钉子都不用，只需一座梯子、一把斧子，敲敲打打地把构件拼装起来即可。在古代没有吊车的情况下，这种施工方法具有精度高、速度快的优点。故宫的建筑面积达 16 万平方米，纯粹施工时间只有三年，这在机械化程度很高的今天也算是快的了。而且从抗震的角度来看，木结构都是榫接的。一般的地震顶多把门窗挤歪了，房子却塌不了。可见这种结构形式是很有它的优势的。

布局灵活也是木构的一大优点。建筑物上部的重量全由梁、枋和柱子负担，所有的墙壁无论是砖砌的还是木板的、花格的、纸糊的，都只起隔断作用，可有可无。墙壁的布置极随心所欲，今天要跟谁密谈，隔出个小间，明天要开宴会，再拆成一大间。这就使整

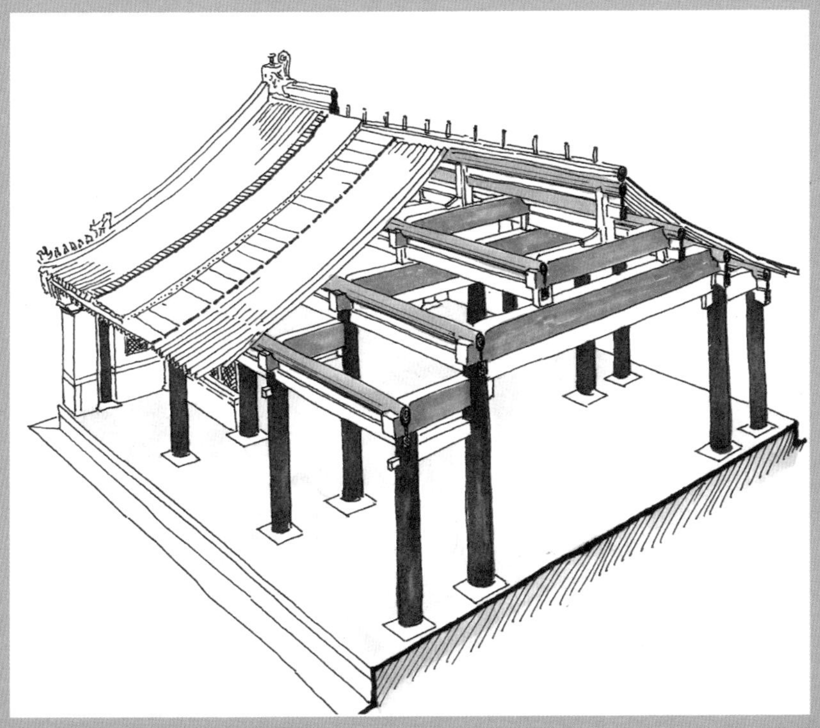

木结构房子

个宫殿显得雄伟而不失玲珑剔透。

你要是抬头细看，可以发现很多大殿那硕大的屋檐下，都有马蜂窝似的一嘟噜一嘟噜的由小木头块搭的东西，那东西叫斗拱。因为人们希望屋檐向外伸出来多一些，又挡雨又好看，所谓“柱高一丈，出

斗拱

斗拱

檐三尺”嘛。这么大的挑檐就需要有支撑。古人想出以长方形的木块相互重叠成斗拱，向前伸出来支撑挑出的屋檐。以后斗拱的制式逐渐标准化，横拱的“材”遂成为一切建筑用材的度量标准。

斗拱的大小历代不同，元代之前的斗拱因起着撑托屋顶的作用而硕大之极，到明朝以后渐渐变小，清代的斗拱已成为装饰品而不起多大结构作用了。故宫里的建筑大部分是清代重修的，斗拱的木条都是又密又细。而在其他一些宋辽古建上，我们还可欣赏到硕大而雄健的斗拱。这里我教您一招：看一座古建的年纪，大致可以从斗拱的大小入手，斗拱越大，岁数越老。

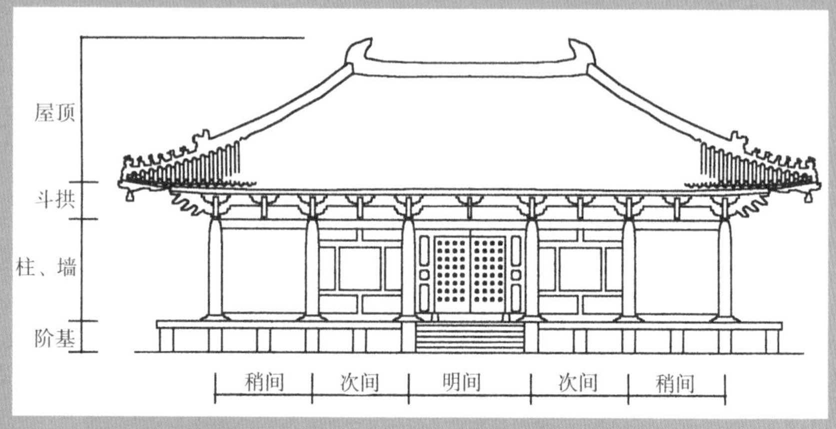

典型古建筑立面图

这样，一座建筑从上到下就可分为屋顶、斗拱、柱墙、阶基四大部分。屋顶用了几根梁一点点往上抬的方式做成美丽、上翘的曲面，看上去似欲飞状，轻巧而优雅，这是中国建筑一大独特风格。斗拱在屋檐下，以它特殊的造型和色彩托衬着硕大的顶部，使其不显沉重。柱墙形成的开间也有讲究：当中入口的一间比其他的要宽些，叫明间；最边上的比其他的要窄些，叫稍间（也叫梢间）；介乎明间与稍间的，不论多少间都叫次间。阶基既是房屋的基础，也是使立面构图显得稳重的不可缺少的部分。

木材容易腐烂，为此必须在表面上刷油漆。中国建筑的油漆刷得太美了。那根本不是“刷”，而是“画”。油漆的色彩规律是这样的：阳光下的构件用大红的暖色，使其越发明媚；屋檐下的阴影部分则用蓝、绿等冷色，使其更加深邃。你要是有兴趣细琢磨，还可发现屋檐下的蓝、绿两色无论横向还是纵向都间隔使用。少量地方点一点儿金色，统一而不单调，绚丽而不杂乱。

现在，让我们在心里描绘一下故宫的建筑色彩吧。最下面是白色的基座，中间殿身是红色的柱子和门窗，屋檐之下是以青绿为主的彩画，屋顶则是黄琉璃瓦，背后衬着蓝天白云，整座建筑多么光彩夺目且端庄华贵！而从整个城市来看，低矮的绿树和大量灰色的民房恰似海洋般地衬托着城市中央高大而辉煌壮丽的红墙黄瓦的皇宫，形成了北京城独有的色彩特点。当然啦，老百姓，尤其是官儿的房子也想漂亮漂亮，可你要也想弄点油漆彩画琉璃瓦什么的，那叫“僭越”，头一天被发现，第二天大概就上菜市口掉脑袋去了。

故宫里的建筑，从皇帝大典的太和殿到一大批小老婆们的住所，等级差别极大。为表示不同建筑物的等级高低，古代匠人真是大动脑子，使出各种手段。最一目了然的当然是屋顶的形式。其最高等级的是重檐庑殿（如太和殿）、重檐歇山（如天安门），然后是单檐庑殿（如后两宫）、单檐歇山，再下来是悬山正脊、悬山卷棚、硬山正脊、硬山卷棚，这后四类屋顶都是用在附属建筑上。一般老百姓的房子自然就只能是硬山的了。

这里要对屋顶稍微多解释两句。重檐、单檐好理解，前者是两层屋檐，后者是一层屋檐。庑殿顶是古人为四坡顶的屋顶起的名字（再早叫四阿顶）。这种屋顶四面都是坡顶，正面的宽，侧面的窄。整个屋顶没有水平的地方，也没有垂直的地方。屋顶上除了瓦就是瓦，没有别的东西。歇山顶是把庑殿顶的两个窄面的上半截垂直切一下，在这里形成一个三角形。在这个三角形上，你可以看见几组金钉子，这些金钉子组成类似梅花的图案，最上面两个，当中三个，

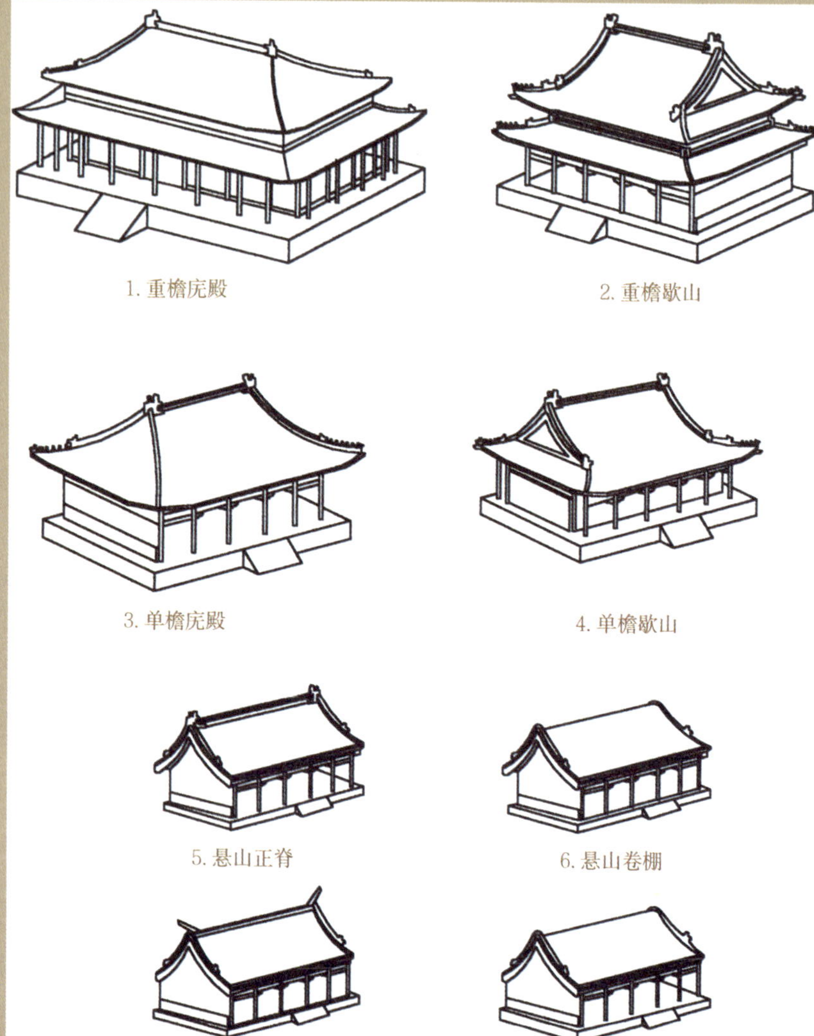

不同等级的屋顶

最下面又是两个，这叫七心钉，是固定檩条用的。悬山是指屋檐的两端挑出在山墙（两端的墙）外面，硬山则相反，屋顶不挑出。正脊是指屋顶上有一根檩条。卷棚在屋顶最上端是两根檩条，因此没有屋脊。

总之，重檐的等级比单檐高，庑殿比歇山高级，悬山比硬山高级，有屋脊比没脊的卷棚高级。

建筑的开间也是等级高低的重要标志，如太和殿面阔为11间，午门、天安门等为9间。用来显示建筑级别的还有基座的高低、彩画的形式、室内吊顶的制式，门钉的数量乃至彩画是龙还是花草，龙爪有几根指头等等，细得不能再细了。

也许你已经发现了，在重要建筑物的屋檐最前面的屋脊之上，还有若干排列整齐的小动物，这叫做走兽。它们是干什么的呢？原来，为把最后几块脊瓦固定在下面的泥背上，这里需要几个钉子。可钉子头露在外面既不好看又容易生锈，于是在它们上以小兽装饰。有意思的是走兽的数量是有含义的。最高级的太和殿安放了10个走兽，其他建筑的走兽数量按等级高低递减，但数目均为单数。如天安门、午门都是9个，各主要门楼上则只有3—5个了。走兽在屋脊上排列的顺序是这样的：最前面领头的是仙人骑着凤，其后依次为龙 、凤、狮、海马、天马 、押鱼、狻猊、獬豸、斗牛、行什。这个次序在整个故宫乃至全北京的各类皇家建筑中都是纹丝不乱的。

这里我再教您一套分辨古建筑等级的高低的法子，叫两看两数：看屋顶、看彩画；数开间，数走兽。再去参观故宫、颐和园什么的，您跟您朋友就有山可侃了。

故宫

故宫始建于明永乐四年（公元1406年），从1406年故宫始建至1911年清朝灭亡，这里曾住过明清两代24位皇帝。

由于火灾、战争等的破坏，明代多次修葺和增建宫内建筑，直到明嘉靖年间，故宫的规模才进入鼎盛时期。明清故宫的面积比汉、唐时代的皇宫都小，但就其建筑布局的严整紧凑、一气呵成、用料的豪华考究、富丽堂皇来看，却远远超过前代。以用瓦而言，元代及其以前的宫殿仅主要殿堂用了琉璃瓦，到了明代则全宫满覆黄琉璃。凭高下望，满眼皆是波澜起伏的金色屋顶，璀璨耀目，极为壮观。

整个宫城外围有城墙和城壕（即筒子河），城墙四角建有4座华丽的三重檐角楼。传说建角楼时，皇上发下话来：角楼是紫禁城外观里最重要的一环，一定要特别漂亮，跟城墙还得相得益彰。木匠们的设计做了一茬又一茬，总是达不到皇上的要求，为此被处死了好几拨。正当绝望的木匠们吃不下饭睡不着觉时，来了个卖蝈蝈的。他往木匠们住的院儿里一蹲，那些

故宫角楼

蝈蝈“唧唧唧唧”叫得众人烦得不行。有一人就上前要去轰那不长眼的蝈蝈贩子，及至看见他那精巧而式样美观的蝈蝈笼子（不是今天的那种蝈蝈笼子，是特地为木匠做的），忽然眼前一亮：咦！这不活脱脱一个角楼吗？他赶紧将蝈蝈连笼子一起买了下来，把蝈蝈放了生，笼子则当作设计方案献了上去，总算令皇上龙颜大悦了。后来人说，那卖蝈蝈的是鲁班爷，不忍看着木匠们受难，来救他们的。现在的 9 梁 18 柱 72 脊的角楼就是按鲁班爷那个蝈蝈笼子的式样建的。

故宫角楼

做文明守法北京人
请勿沿河钓鱼

故宫总建筑面积有16万平方米。这么大规模的建筑群是按什么原则规划和建造的呢？其主要思路有两条，一是实的，即功能；二是虚的，比如风水、礼制等等。

按其功能，故宫可分外朝和内廷两大部分。由午门到乾清门之间是外朝，这里是皇帝召开大会、举行典礼和接见外国人之处（那会儿中国是泱泱大国，管外国人不叫外宾，而称外夷或番邦）；由乾清门到顺贞门之间的内廷是皇帝和他的一个大老婆及七十二个小老婆的居住区。除了这两大部分外，还有供皇帝一家拜佛、祭祀、骑射的场所和玩乐的花园，以及为这一大家子吃喝拉撒服务的部门。

外朝。主入口午门坐落在一凹形的台墩上，台墩正中是面阔9间重檐庑殿顶的城楼，下开5个外方内圆的门洞，两侧建有角亭和阙亭。午门建得巍峨壮观，高高的台墩给人一种森严壁垒的感觉。京戏里就时常是皇上一拍龙案，大喝一声："推出午门斩首示众！"其实没人敢在午门前的大院子里杀人，血淋淋的多吓人哪！在清朝都是推到菜市口才开刀问斩的。而在明朝，开刀问斩是在西四牌楼边上。在午门前干吗呀？仅仅是执行杖刑，也就是打打屁股而已。

不过，在我当建筑系学生时，记不起哪位老师曾说，建设故宫用的木料是产在南方的金丝楠木。因为工期紧，这些木头连采伐带运输又都是苦活儿，于是备受煎熬的伐木工人起义了。当然，那场小小的起义很快被镇压下去了，被捕的头儿被

神武门
钦安殿
御花园
坤宁宫
交泰殿
乾隆花园
寿安宫
宁寿宫
内廷
乾清宫
养心殿
乾清门
慈宁宫
保和殿
中和殿
慈宁花园
太和殿
外朝
文华殿
太和门
武英殿
西华门
东华门
内金水桥
午门
北

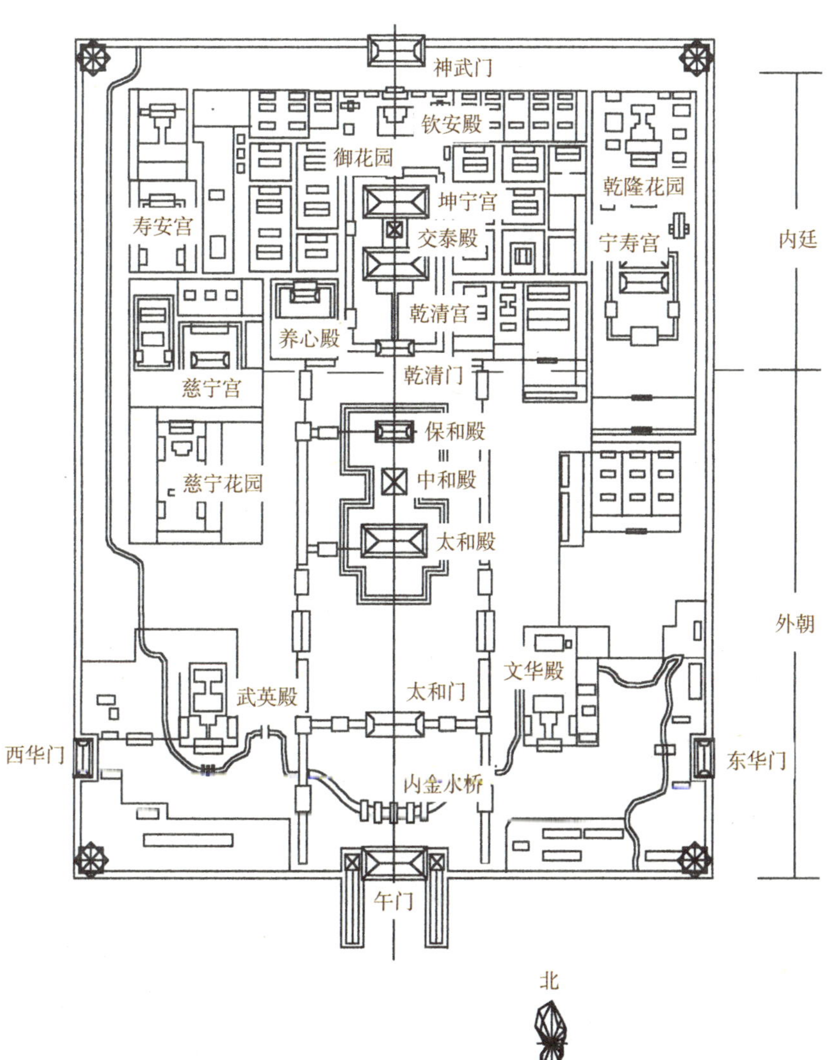

故宫平面图

午门

解到了京城，惨死在了午门前的大院子里。这个故事我没有考证过，想来老师说的总是没错吧。

从午门进来，穿门过殿之后，在一个极大的广场北端，7米高的三层汉白玉栏杆围着的基座之上，你就看见全国等级最高、装饰最华贵的建筑——太和殿了。

明清两朝皇帝登基和各种大典均在这里举行。现在的太和殿是康熙三十四年（公元1695年）重建的，面阔11间，深5间，重檐庑殿的屋顶。太和殿高大森严，殿前广场青砖墁地寸草不生，衬着林立的柱子、辉煌的藻井彩画，给觐见的大臣及

太和殿

外国使臣们造成皇帝至高无上的心理感受。一到了这里，真是许大气都不敢喘哪，更不用说随地吐痰、大声喧哗了。

太和殿后面方形单檐攒尖顶的中和殿，是皇帝举行典礼前后休息之处。中和殿后又有面阔 9 间重檐歇山顶的保和殿，这里是皇帝宴藩臣和三年一次殿试取状元的地方。这三个建筑坐落在同一个工字形台座上。台座的长宽比是 9 ∶ 5，正应了九五之尊的说法。

你一定跟很多人一样，到了故宫光顾着抬头看大殿了。看完大殿，不妨再看看它的三层高的汉白玉栏杆，再看看转角处

太和殿台基转角处

那个龙头。你一定会惊呼：太美啦！我经常仔细地看这些旮旯里的东西，并且为古人高超的手艺惊诧不已。

内廷。过了保和殿，自乾清门向北便属内廷了。和乾清门同在中轴线上的建筑依次为乾清宫、交泰殿、坤宁宫。乾清宫在明代至清康熙年间为皇帝寝宫，雍正帝移住养心殿后，乾清宫成了皇帝的办公室，接见大臣一般也在这里。交泰殿是一方形单檐攒尖顶建筑，偌大的房子孤零零仅放着一块皇帝的玉玺。坤宁宫面阔9间重檐庑殿顶，东西两间屋为皇帝大婚时的洞房。在这间屋子的东北角，还有两口大锅，这是干什么的呢？原来满人不敢忘记祖先，每年还要祭祀他们萨满族的神，这里就是屠宰牲口的地方。听听，在皇上的新房里杀羊宰牛的，够吓人的吧。

再向北是东西六宫。这是12座格局相似的院子，这里是皇帝的家庙、斋宫和年纪尚小的皇子、贵妃们的住宅。按咱升斗小民的想象，那内廷里因有三宫六院七十二妃还不得袅袅婷婷美人如云哪。其实不然。后宫选妃，都是皇后主持的，哪个胸怀宽广的皇后会为自己选一群美丽的情敌呢？估计那群妃子虽然不至于太歪瓜裂枣了，也未见得好看到哪里去。

西六宫前还有个宫殿叫养心殿。清雍正帝以后，这里就是皇帝在冬天的寝宫，干脆就在这里连住带办公吃喝拉撒干都有了。

内廷东部的宁寿宫，是乾隆为自己退休养老而建的一个小规模的故宫。它以厚重华丽琉璃装饰的皇极门为入口。其中乐寿堂室内用红木及紫檀做格扇，并镶嵌玉璧和景泰蓝、镏金饰件，天花板是楠木镂雕的。现存清代宫室的内部装修应以此殿最为奢华了。别以为勤政的皇上必定廉政，此公便是一例。内廷西有慈宁宫、寿安宫等，是年老的太后、太妃居住的地方。

这里还有三个花园，最北面也是最大的一个叫御花园，第二大的是宁寿宫花园，还有一专为女眷遛腿的园子叫慈宁宫花园，它的面积在三个花园里最小。虽然满族妇女不裹小脚，那也不能撒开了丫子满处跑，只能在这里小小不言地蹬着花盆鞋走上几步，所以说小点也够用的了。它们的建筑虽然不失华丽，然而布局太过对称死板，少了园林应有的灵活气息。要不然怎么在清代除了快该坐轮椅的老太后之外，其他人都乐意去圆明园玩呢？

从虚的来看，中国人盖房子，大到皇宫，小到百姓私宅坟地，无不重视风水。好的风水要背山面水，即使没有真山真水，也要造它一个出来，才显得平安吉祥，住着踏实。明代故宫在建设之前，城中原有的元代皇宫已被摧毁，所有的瓦砾都堆在了其主要建筑延春阁的头上，形成了一座搬不走的大山。聪明的设计者索性拿它当了新皇宫北山的基础，再把挖护城河挖出来的100万立方米的土往上这么一堆，挺好的一座山就有了，这就是景山。

至于水就好办了，在几座重要的建筑如天安门之南、午门之北挖了沟，再从筒子河里引来水，2000米长的河弯弯曲曲地在故宫里一流，这就是玉带河。河上架了大小20座桥，既美观又湿润了空气，还可以用做排雨水的明沟，真是一举四得。

这条河还有一个用处。说有一次乾隆和纪晓岚在宫里散步，走到玉带河边。乾隆灵机一动，想要给这个聪明过人的臣子出点难题，就对纪晓岚说："爱卿，昨日一妃子给我生了个孩子，朕命你以此为题写首诗。"纪晓岚也没问问性别张口便给："吾皇昨日降金龙，"乾隆摇摇头说："是个女孩子。"纪晓岚偷偷一吐舌头接道："化作嫦娥下九重；"乾隆双手一摊："生

养性殿藻井

下来就死啦。”纪晓岚哟了一声：“料得人间留不住，”皇上说：“扔在玉带河里了。”晓岚道：“翻身落入九龙宫。”是否这条河还可当做水葬之处，也未可知。

利用建筑环境造气氛，使人感到皇权凌驾一切，君臣尊卑高下，是故宫设计极为成功的一点。它通过建立中轴线、布局对称、不同庭院有不同空间、殿宇在形式和尺度上的变化以及干巴巴一点绿化没有等一系列手法，相当成功地达到了预期的目的。比如主要殿宇前的广场多近方形且宽阔，而后宫居住建筑的庭院则多为扁长形，面积相对也小得多。两种空间的感觉完全不同。

故宫在当时是重点工程之重点工程，施工时全国一齐动员，工匠轮流上岗。同时施工的工匠有10万，民夫100万。石料均取自京西、京东，砖瓦多为山东所制，质量最好的金砖则来自苏州。明代故宫所用木料均为楠木，它们采自川、黔、湖、广。

运输这些石料、木料时，在南方还可走水路，到了北方多半是靠冬天往道路上泼水成冰，木料在冰上一点点滑动，可想而知工程多么浩大艰苦。明嘉靖三十六年（1557年）重修前三殿，其御路上的大石板采自房山石窝，石块移出矿坑即需工人万名以上，又用两万民工打造驮石头的旱船，沿途每一里地掘一口井，浇水成冰令旱船移动。自房山运到京城仅60公里就历时20天。我算了算，按一天干15小时活儿计，1小时才挪200米。整个运费花银11万两！如不是皇家工程，绝无可能动用如此庞大的人力、物力、财力。

今天的故宫里没了皇上坐龙廷，没了太监满院走，那种吓人的威慑力也就小多了。但是，站在一座座巍峨的宫殿前，环顾光秃秃的院子，你还是可以想见到当年大明、大清皇上的气派。不过，令我们更多惊诧的则是中国璀璨的文化和古人无与伦比的智能、手艺和耐心。

景山

景山是故宫的北方屏障，所以勉强将它归入宫殿类。当年明军打进北京后，摧毁了元大都的宫殿，并将瓦砾堆到了主建筑延春阁头上，那时称这个烂土堆为“镇山”。后来在修建故宫的同时，对这个瓦砾堆进行了一番如前所述的改造，遂又改名为“万岁山”。清顺治十二年改称景山，1928年起对外开放。整个园子东西宽540米，南北长530米，近乎正方形，占地2.8万平方米。明代在山上曾建六个亭子，清初被毁。现在山上的五个亭子是清乾隆十六年（公元1751年）重建的。正中央的万春亭正当全城的几何中心（对角线交点），也是全城最高点，其外形为三重檐的黄琉璃瓦绿剪边攒尖屋顶，它左右各辅二亭，沿东西方向一字排开，强调景山是紫禁城北的一道屏障。

明崇祯十七年（公元1644年）三月十八日夜，李自成的大顺军架起云梯猛攻西直门、阜成门、德胜门。太监曹化淳为大势所迫打开广安门放农民军进了城。皇后被迫自缢，倒霉蛋

景山万春亭

儿崇祯看看大势已去，于是下了狠心杀女弑妃。可自己却还想活，他换上便服混在逃跑的宦官之中“微服”出宫，跑到朝阳门。因为没有相片，他又不常视察军队，明军里竟没人认识他，不放他出城；无奈之下他转头又赶到安定门，这里倒没有守军了，可门闸太沉重，皇上又没练过举重，竟然抬它不起，只好回宫，没吃没喝心绪不宁地待了一夜。

十九日破晓，守城的兵部尚书张缙彦及军官、太监纷纷开城投降，大顺军大将刘宗敏浩荡入城。崇祯得知此信，亲自在前殿鸣钟召集百官，竟无一人前往。是啊，都泥菩萨过江自身难保了，谁还管皇帝呀？于是34岁的崇祯皇帝朱由检穿戴整齐

1914 年景山前街

后和从小跟他一起长大的 35 岁的忠诚太监王承恩徒步出故宫北门进景山南门，一口气爬到了景山山顶。崇祯站在寿皇亭举目四望，只见满城一片混乱。他哭了，泪流满面。然后脱下龙袍，咬破手指，在衣襟上用血写下这样的话：“朕凉德藐躬，上干天咎，致逆贼直逼京师，皆诸臣误朕。朕死无面目见祖宗于地下，自去冠冕，以发覆面。任贼分裂朕尸，勿伤百姓一人。”瞧瞧，国家亡了不说检讨自己，反而赖大臣。虽然这个结局有点可怜，但俗话说得好：可怜之人必有可恶之处。当初要不处死边关大将袁崇焕，也许不至于有今天。看看山顶没什么大树，二人又来到山下，找了棵老槐树，试了试还结实，朱由检赤足轻衣，乱发盖脸，与王承恩相对上吊而死。就这样，16个皇帝当朝，历时276年的明朝结束在了景山脚下。

清军入关后，清顺治帝为收买人心，说那棵槐树致君王于死地，因此有罪，用了一条大铁链子将它捆了起来。后人有句单评此事曰：“君王有罪无人问，古树无辜受锁枷。”那棵老槐树又活了三百余年后来死了，现今在原址又种了一棵槐树供人们凭吊遐想。

景山虽无西郊三山五园的气魄和优美，但因其位置的特殊，又是北京城里的制高点，还有过这段故事，历来都是旅游者必去的地方，连骆驼都喜欢到门前逛一逛。

卷三

祭坛

老百姓除死无大事，做皇帝的就不然喽。他虽然富有天下却心中胆怯，怕弟兄争位，怕外族入侵，怕农民起义，怕天灾降临。总之是表面气壮如牛，内心胆小似鼠。为了给自己壮胆子，于是修了各种各样的祭坛，一年到头忙着磕头烧香，祈求祖宗在天之灵，天地日月风雷电闪各路神仙一齐保佑他江山万代永固，本人长生不老。

基于这个原因，北京就有了所谓“九坛”之说。这九坛是：天坛、地坛、朝日坛、夕月坛、祈谷坛、太岁坛、先农坛、先蚕坛、社稷坛。哎哟，真不少啊！这里，咱们只拣几个有代表性的坛看一看吧。

天坛俯瞰

天坛

古代的人认为，天是主宰一切的。皇帝是天的儿子，因此祭他老爹是件头等重要的事情。其祭祀场所天坛也相应地极宏伟。天坛始建于明永乐十八年（公元1420年），原名天地坛，明嘉靖十三年（公元1534年），根据大臣的建议，天、地分开来祭，才将这里改名为天坛。它占地270公顷，有两圈墙环绕着。外圈墙南北1650米，东西1725米。内圈墙南北1228米，东西1043米。两圈墙的北面两个角都做成圆弧形，使它的总平面呈南方北圆，以附会古代“天圆地方”之说。

天坛的主要入口在西面，你得从永定门内大街上使劲探头往东看，才能发现它。入得门来，见有一条0.5公里的东西大道，向东穿过两重厚厚的砖拱门，再上个大台阶，直抵高高的甬道。这高高的甬道又称“丹陛桥”。它宽29.4米，长361米，最高处高出地面约4米。你若在上面走一走，看着两边脚下松柏树浓密的树冠，迎面吹来阵阵清风，会觉得飘飘然走在天上一般。这是设计者特意追求的一种意境。

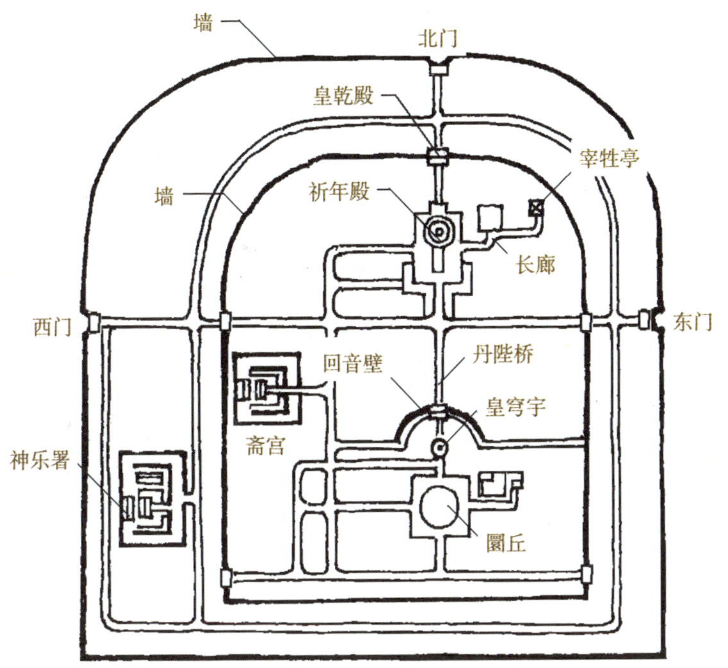

天坛平面图

丹陛桥沿南北向的中轴线伸展并连接了天坛最重要的两个建筑——祈年殿和皇穹宇，像是一条长长的扁担挑着一大一小两个疙瘩。

祈年殿是天坛里体量最大的建筑物，它的功能是祭天以求丰收。它坐落在一个庭院当中的直径 90.9 米、高 6 米的三层汉白玉圆形基座上。建筑物本身的平面是直径 24.5 米的巨大

祈年殿

的圆形，其支撑屋顶的内柱高约 38 米，上覆三重檐蓝琉璃瓦。此殿在设计时极力象征天体时空等。如当中的 4 根龙柱象征一年四季，外圈 12 根金柱象征 12 个月，而圆形平面及蓝色的瓦则表示天。祈年殿结构雄壮、细部精巧，无论室内空间还是室外台阶、锥形屋顶，无不努力塑造强烈的向上趋势及与天相接的气氛。不论从建筑构造还是艺术处理上看，祈年殿都具有极高的价值。

祈年殿正南约 700 米处的皇穹宇是存放祭天时使用的“皇天上帝”，也就是皇上他爹——老天爷的牌位用的。它的外面有直径 63 米的圆形围墙，即著名的“回音壁”。不过建造此殿

皇穹宇

时并没有这项声学打算。回音的功能完全是瞎猫碰死耗子，偶然被某一后人发现的。明代时皇穹宇的屋顶是重檐的，清代改为蓝色单檐，对于突出主体建筑似乎更合适。皇穹宇外形简洁、色调素雅。内部的 8 根香楠木柱乃是明代原物。

皇穹宇以南的圜丘位于天坛最南端，是祭天的祭坛。它是一座由汉白玉砌成的三层圆台，最下层直径 54.5 米。古人认为 1、3、5 等单数为“阳数”，而 9 是“极阳数”，所以圜丘坛的台阶、栏杆、面层铺石数都取 9 的倍数。圜丘的三层栏板共 360 块，暗合周天数 360 度。圜丘原建于明嘉靖九年（公元 1530 年），栏杆用青色琉璃，取天玄地黄之意，令整个色彩颇

祈年殿

显神秘。现在我们所看见的圜丘是清乾隆年间扩建的。在扩建时将其改为汉白玉栏杆，使色彩趋于纯正典雅，增加了天坛肃穆静谧的气氛，看着舒服多了。

自永乐皇帝以来，明、清共有22位皇帝到此祭过天。按规定，皇帝一年要来天坛三次：孟春（春季的首月，即一月）祈谷；孟夏（四月）祈雨；冬至祭天。每次祭祀前三天实行五不要：不吃荤，不饮酒，不吊丧，不听曲，连后妃都不准碰，沐浴后独住于斋宫，以示诚意。

斋宫的西面是天坛的第五组建筑——神乐署。这是一座古代的音乐学院，专门培养祭祀时用的乐手。它南北长62米，东西宽142米，主要建筑排列在当中的一个三进的院子里，包括大殿、凝喜殿和显佑殿等，共79间房屋。最兴旺时同时有2200名乐师在此学艺。凡京城内有祭祀活动的，或有头有脸的人举行什么活动，也都要从这里请乐师前去吹奏一番。

天坛在1900年时曾被八国联军占领，惨遭破坏。1913年对外国人开放。1918年才开始接纳中国人。现为天坛公园。

先农坛

先农坛又名山川坛，在天桥西南。始建于明永乐十八年（公元1420年），清乾隆十九年（公元1754年）重修，占地约1.13平方千米，为明、清两代帝王祭先农诸神及举行籍耕典礼之所。太岁坛在先农坛东北，是祭祀太岁神等神祇的地方。

中国是以农业立国的，有“民以食为天”之说，历届领导人向来重视农业。每年春仲月（二月）的籍耕典礼，皇帝都要亲临先农坛，并且真事儿似的在一亩三分地里扶犁扬鞭走几步，表示“亲耕”了。三王九亲们在边上也要跟着皇帝屁股后头耕一阵子；皇帝比画完了，就上“观耕台”上坐着，边喝茶边看大臣们继续耕作。

清嘉庆二十年春的一次籍耕典礼上，皇上扶犁赶牛正要开耕时，那牛忽然犯了牛脾气，不肯走了，挨了好几鞭子，依然故我，换了一头还是不动窝。这一下气坏了皇上，忙坏了御前侍卫，十几个人连拉带推竟不奏效。嘉庆大叫起来：“反了！反了！”将鞭子一扔，气哼哼上了观耕台。到了众伴驾下地

观耕台

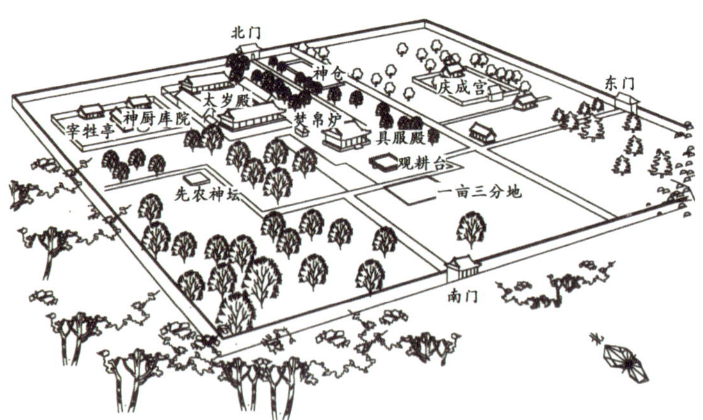

先农坛鸟瞰

扶犁时，那些牛忽然改变方针，四散而逃，直视国家大典为儿戏。这下皇上更生气了，下令将供牛的大兴、宛平两地知县和顺天府尹（北京市市长）一律革去顶戴花翎交刑部严加议处。从此人们兢兢业业认真训牛，把个牛驯得都能上马戏团走钢丝去了。北京地区的牛自此脾气大顺。

1900 年八国联军入侵北京，美军便驻扎在先农坛。美国人酷爱打篮球，一看那“一亩三分地”平平整整的，正好当了个篮球场，反正皇上也跑了，这里早就成了“三无世界”。自此这里就继承了体育运动的传统。1907 年摇摇欲坠的清朝廷终止了祭祀仪式。1930 年外墙被拆，坛内一部分干脆就改为体育场了。现存的两坛及五组建筑以新旧并存的方式正在陆续对外开放。

先农坛的南部现在仍是体育场，北部为北京古代建筑博物馆。

日坛

太阳光芒万丈令万物生长，月亮时大时小很是神秘，因此太阳和月亮一直是古人崇拜的对象，祭祀的地位也是很高的。城东边祭日，城西边祭月，也很符合太阳东出、月亮西落的自然规律。

日坛在城市的东面，朝阳区的日坛路，过去这里又叫朝日坛，始建于明嘉靖九年（公元1530年），是皇帝祭太阳（古代尊称为大明）之所。每年春分日在这里行祭祀大典。主坛为一白石方台，外环正圆形红墙。墙内地面明代原为红砖，以象征太阳，清代不知何故改为青砖墁地。环墙的东、南、北各有汉白玉棂星门一座，西面有棂星门三座，并相应的建有一套具服殿、神厨、宰牲亭、钟楼和北天门、西天门。现这里已辟为日坛公园。

日坛棂星门

卷四

庙宇

如果说祭祀的目的是祈求神明保佑，那庙宇的作用大约是希望祖先们保佑吧。这里所列的庙宇不是指佛教、道教的庙，而是皇家特有的祭祖、祭先师的庙。

太庙

孔庙（文庙）

孔庙，顾名思义是祭孔子的地方。孔子是咱们的精神领袖，在外国人几乎没有不知道孔子的。而在中国，几乎每个城市都建有此庙，其中山东曲阜的规模最大，北京的这一座次之。

北京的孔庙始建于元大德六年（公元 1302 年），还是蒙古人建的。明清两代沿用。孔庙外门叫先师门，面阔三间单檐歇山黄瓦屋顶，清乾隆二年才改为琉璃瓦。梁架也曾历经明清改建，但它的外檐下的斗拱异常巨大，属宋式的“缠柱造”，因此可断定为元代遗物。

先师门内东面是碑亭和祭祀用的一整套祭祀必备的省牲亭、井亭、神厨，西面是另一碑亭、致斋所和通往西邻国子监的侧门。再向里走则到了第二重门——大成门，之后是大成殿。门外两侧有 188 座进士名碑，历代的举子们为了碑上有名，真是费尽心机。清咸丰年间一考生为迎合“咸丰”字样，把自己的名字改成“庆咸”，连姓都改姓了孙，此举自然博得

先师门

皇帝欢心，当即高中，并上了进士名碑。不信，你可以在晚清的进士名字里找到这位马屁精的名字。

门内正中为甬道，甬道北面尽头是重檐庑殿顶的大成殿。殿前一棵古柏，据说曾勾掉过奸臣魏忠贤的帽子，后人遂称之为“触奸柏”，凡心怀叵测之人都不敢从树下过，即便要过，也得预先摘掉自己的帽子。

殿后的崇圣祠是祭祀孔子的祖先。感谢他们为中国人民和世界人民孕育了孔子这一伟人。

太庙

太庙在天安门和午门之间的御道东侧，是皇帝祭祖宗的场所。这个祖宗是指他自己的直系祖宗，不但跟皇上自己姓一个姓，还得是亲爹亲爷爷。嘉靖皇帝因为不是上一茬皇帝明武宗朱厚照的儿子，仅仅是他堂弟，也就是说嘉靖皇帝自己的亲爹其实没当过皇帝，因此其牌位不能进太庙。为此事在嘉靖初年，上上下下闹腾了好几年，即所谓的“大议礼”事件。最终大多数遵纪守法的大臣没顶住皇上的压力，嘉靖他爹还是进了太庙。

太庙始建于明永乐十八年（公元 1420 年），中间曾经改建。到明嘉靖二十四年（公元 1545 年）重建后形成现在的规模。清代虽曾重修，但现存的戟门、前殿、中殿还都是明代建筑。

这座太庙看上去跟太和殿差不多，其实还是有些不一样。首先，它的总高比太和殿高 2 米。这当然不是施工误差，而是特地这样盖的。其目的是要显示皇帝虽然位尊权重，但不可压

太庙前殿

祖。祖宗永远比皇帝高。其次，太庙屋檐上的走兽是9个，而太和殿是10个。看来活人比死人的谱还是大些。

太庙也有三层台基，用以显示它至高无上的地位。这里，我再带你看个细节：皇家建筑的台基，无论是太和殿、太庙还是陵墓，都有汉白玉的栏板拦着，怕人一不留神掉下去。栏板之间的小柱子叫望柱，望柱的头，自然就叫望柱头了。这些望柱头上的花纹，永远是一龙一凤间隔着来的。你瞧，虽然中国

龙纹望柱头

凤纹望柱头

古代是个重男轻女的社会，可在大面上，还是很平等的哩。

太庙有两重围墙。第一重是红墙黄琉璃的宫墙，墙外密植柏树。它的主入口在天安门和端门之间的东庑。第二重墙的正门是正北面的戟门，它的屋顶曲线优美，出檐较大，梁架间接，表现出典型的明代殿宇的特点。戟门前有金水河及七座石桥，东西侧为神厨、神库和两个井亭。再向里是前、中、后三大殿。前、中殿共建于巨大的工字形三层汉白玉台基上。前殿面阔 11 间（明代 9 间），重檐庑殿顶，等级几乎同太和殿，是皇帝祭祀时行礼的地方。

两侧建东西庑各 15 间，为收买人心，设了有功的皇族和大臣的牌位。谁家的祖宗牌位要是能进这间屋，足够他家吹好几辈子牛的。这间庭院满铺条砖，平整而空旷，与墙外 500 多棵森森古柏形成强烈的对照。中殿面阔 9 间，单檐庑殿顶，殿内放已故历朝皇帝皇后的“神位”。中、后殿东西各有配殿 5 间作辅助用房。后殿之后一座琉璃砖门即第一重围墙的北门。

太庙在 1924 年辟为“和平公园”，1928 年成为故宫博物院的一部分，1950 年改为劳动人民文化宫。

历代帝王庙

在这个庙里，祭祀的是皇帝，是历代死去的皇帝。北京的老百姓有句顺口溜："有桥没有水，有碑没有驮，有钟没有鼓，有庙没有佛。"就是指历代帝王庙说的。在这里，被祭祀的是传说中的三皇五帝和明代之前的皇上们。它始建于明嘉靖九年（1530年），建筑群体巍峨庄严。最南端的影壁用了绿琉璃瓦包边，就显出了它属皇家建筑的高级地位。再向北依次为庙门、景德门，主体建筑景德崇圣殿重檐庑殿顶，供奉历代帝王188位；另外，在东西配殿从祀文武功臣79位（幸亏只是牌位，不然还不挤死！）。最后是祭器库。两侧有御碑亭两座。

这座庙长时间以来都是北京颇为著名的女三中的校址，我的好几个朋友就是在历代帝王们的庇护下读完了高中，并考上了清华大学。看来沾点儿帝王气也不是什么坏事。后来，女三中又改名为159中学，大约皇帝们不喜欢这个号码吧，近年159中学搬了家，历代的皇上们这才又"复了辟"。

大高玄殿

大高玄殿在景山西侧，现景山前街，建于明嘉靖二十一年(公元1542年)，为明清两代供奉三清的皇家道观，或称斋宫。明代宫女在此教习，整天炼丹修道的嘉靖皇帝也是这里的常客。

整个建筑群南北长264米、东西宽57米，占地面积近1.5万平方米，平面呈矩形，坐北朝南。自南向北依次为品字形的三座牌楼（俗称三座门)、两座亭子、第一重琉璃门、第二重琉璃门、过厅式大高玄门、大高玄殿、九天万法雷坛及两层楼的乾元阁。

正殿大高玄殿面阔七间，重檐庑殿黄琉璃顶，两侧有配殿，等级原本极高。可惜长期被某单位占着，不让人进。我是费了一番周折找了高中同学，又冒充是人家的姑姑，才在同学司机的掩护下，得以一睹它的“芳容”。那真叫“看的时候心里跳，看过以后眼泪垂”。占用单位对文物的认知显然不够，毫不客气地把正殿当了仓库，也不加以维修，连油漆也不刷(幸亏也没乱刷)，以至于这座七开间重檐庑殿黄琉璃顶的庞大

大高玄殿乾元阁藻井

殿宇看上去残破不堪，惨不忍睹。但从台基、滴水、石雕等不易破损的构件上，依稀可见往日的辉煌。

主殿被铁丝网围住，探进头去照个相都照不全。后面的九天万法雷坛及两层楼的乾元阁却不得庐山真面目了。但从侧面张望，依稀可见屋顶。但愿它还安然无恙。

殿外最南端曾有三座牌楼，南面一座，北面东、西各一座，均为木构三间四柱，上有高低错落的九座庑殿顶。每个牌楼高 14.42 米、宽 9.75 米，那重檐之下钩心斗角、金碧争辉、穷极工巧，倚立在筒子河边，待朝日初起、夕阳余晖时美不胜收，曾是北京人极喜爱的一景。还曾有两座亭子名曰习礼亭，

大高玄殿

屋顶为三重歇山黄琉璃瓦顶，人称九梁十八柱，其复杂与华丽程度在亭子类中实属少见。

这一组三楼两亭的道教仪制性建筑，无论布局还是建筑本身都是国内仅有的，可惜20世纪50年代因拓宽道路，将牌楼、亭子全部拆除，片瓦不留。我的堂兄小时候曾在这里徜徉，向我提及三座门时，不禁泪流满面。北京市有关单位现根据照片将南面的一座重建了起来。两重琉璃门皆为三洞券门，现仅存一座（临街）。屋檐上的仙人却飞得不知去向。

2015年9月我去北京，看见它已经被腾退，正在修理，想来重新展现给世人的日子不远啦。

风神庙（宣仁庙）

昭显庙

宣仁庙和昭显庙

宣仁庙祭的是风神，位于东城区北池子北口路东。当年建此庙时，很是费了一番心思。它的建筑形制同中南海的时应宫，因此赐号“应时显佑，庙曰宣仁”。它建于清雍正六年（公元 1728 年）。2005 年前我去找它的时候它正在施工中。我心想，那就等两年吧。这一等就是八年。2013 年我和老公满怀信心地再次前往，谁知它竟然仍在施工中，并且仍然是闲杂人等不得入内。我们问守门人，什么时候才能建好？她不无幽默地说：“您就打着八年抗战吧！日本鬼子都打走了，八成还没修好呢。”果不其然，2015 年我再次前往，还在修呢！

没法子，只好耍点儿阴谋吧。2013 年那次，是用了三十六计中的“声东击西”之计，老公跟她没话找话，我趁机给后殿拍了张照。由于角度不好，有一半的画面竟被施工队的门房占掉了。我心有不甘，又隔着门缝往里张望，眼见里面还有影壁、山门、钟楼、前殿、正殿和后殿，没准里面还有风神老爷的塑像，却是只能隔墙观看。山门和钟楼竟然都是重檐歇山顶的，等级很高。其余的殿也都是单檐歇山的，等级也不低。

2015 年这次三顾茅庐，保安小伙子很通人情，说了句：“不是就进去照张相吗，进去吧！”

一声“进去吧！”令我看了一眼明代原物影壁的须弥座，确实挺美。

风神老爷，何时能一睹你的风采？

昭显庙祭的是雷神，建于清雍正十年（公元 1732 年）。目前是小学校址，进得门来，除一座影壁外，仅存后殿一座，还因为羞涩地躲在两棵老柏树中间而不得其全貌。雍正皇帝曾赐额匾“协和昭泰”。原来的全套建筑有影壁、山门、前殿、正殿、后殿和钟鼓楼，可惜目前全无踪影，看起来也没有恢复的迹象。

卷五 园林

中国古代造园艺术师法自然，寓诗情画意于其中，在世界园林中独树一帜。北京的皇家园囿正是其杰出的代表作。皇帝虽然整日忙于处理国家大事，却十分寂寞，城里空气又不好，因此建大规模的皇家园林就很有必要了。

北京自辽、金在此建都近千年来，在皇家园囿建设上有很大的成就。远在公元11世纪初，辽代就曾在西山一带修筑离宫。金代又利用中都城东北郊的湖泊区（今北海一带）修筑离宫大宁宫。公元12世纪末，爱玩的潇洒皇帝金章宗开始经营香山。此后，西山一带便逐渐成为历代帝王显贵的游憩胜地。

清代京城内除有故宫的御花园等之外，在故宫以西还营造了西苑（北海和中南海）。而在郊外更是大兴土木，不遗余力地建造园林。这些大型园囿集中在西郊海淀至西山一带，如清康熙时的畅春园（原是明代李伟的清华园故址，今北京大学以西），雍正、乾隆时期的圆明园、长春园、绮春园以及万寿山（清漪园）、玉泉山（静明园）、香山（静宜园）等。光绪年间又在清漪园废墟上重建了颐和园。

现如今圆明园是别想看了，城里的北海、西郊的颐和园都是当初为皇帝家精心打造的。这些苑囿规模还算宏大，气局开朗，撷取自然景物的菁华，模山范水，既有完整的总体设计，也有精心结构的局部景象，富丽而雄奇，有如波澜壮阔、金碧辉煌的绘有仙山楼阁的巨幅国画。

现在，我们仅到几个有代表性的园子北海、香山、颐和园、团城和圆明园去看一看吧。

北海

北海在北京老皇城内，位于故宫的西北方，是金、元、明、清历代帝王的御苑，现存的规模是清代形成的。

远在辽代，北海琼岛被称为瑶屿行宫，最高处的古殿相传是辽国萧太后的梳妆台。金大定十九年（公元1179年）在此建大宁宫，后改称万宁宫。又改岛名为琼华岛，在山顶建广寒殿，堆砌假山，大宁宫实际上成为了金代皇帝在京郊的别墅。蒙古人南下时，金宣宗望风而逃，这里成了无人看管的自由世界。名道士邱处机到此一游，曾写诗赞美北海："十顷方池闲御园，森森松柏罩清烟。"

蒙古灭金时皇宫虽被夷为平地，这里却因远在当时的北郊而得以幸免。元大都时北海被圈入皇城，湖泊称太液池，岛屿称万寿山。因忽必烈喜爱大自然，整日泡在这里，万寿山一度成为政治中心，元代很多大小宴会曾在此举行。

明初扩展中海并开掘南海，在太液池的东、北、西岸营造了许多建筑物。清顺治八年，又在琼华岛绝顶上建喇嘛塔及寺

后门
天王殿
静心斋
九龙壁
画舫斋
北海
濠濮间
五龙亭
漪澜堂
琼岛春荫碑
琼岛
白塔
永安寺
积翠堆云桥
承光殿
西门
南门
金鳌玉蝀桥
团城

北

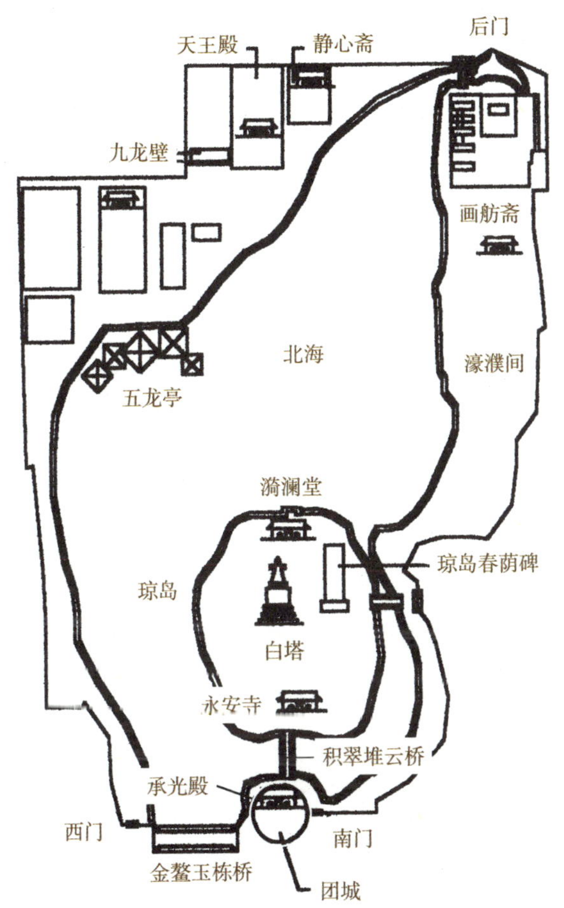

北海平面图

院。清统治时期对北海曾大事修建，除改白塔寺为永安寺外，还在琼华岛的四面及东、北岸增建了大量亭榭楼台。

北海的总面积约为70公顷，水面占2/3。中间的琼华岛和岛上的白塔为全园中心。琼岛是神话中“一池三山”中蓬莱仙岛的象征。白塔是顺治皇帝接受西域喇嘛的建议所建。塔身圆润，其上是细长的十三天、顶端的36个铜铃，它们赋予了白塔独特的美。自白塔向南，由永安寺的层层殿阁构成一条正南正北随山势升高的中轴线。永安寺两侧布置了一些亭馆假山，其中部分巨大的太湖石是从汴梁的北宋艮岳拆卸运来的。

琼岛东面有刻着乾隆御笔“琼岛春荫”四个大字的石碑，为清代“燕京八景”之一。白塔以北一改南面以寺院为中心的布局，改为依山随形布置亭榭，用曲折宛转的假山洞壑及游廊相连，颇具变化之能事。其中以始建于金大定六年（公元1166年）的琼华古洞为主要景点。它的全长仅200多米，但玲珑巧奇，高磊若峦，是规模较大的太湖石假山岩洞之一。有诗赞曰：“琼岛玉宇望西苑，太液碧照漪澜间；莫道蓬莱方丈好，都城北海有洞天。”

山下的漪澜堂、道宁斋是两组较大的建筑。在它们之前临水各建一楼，两楼之间环着琼岛北半部建了一条两层高的弧形长廊。长廊全长约300米，下层敞开，上层装格扇。这条廊子以其丰富的颜色，在浓绿的琼岛和湛蓝的湖水之间勾画出一条锦带，又好似给美丽的琼岛绣了个金边。岛北面稍嫌琐碎的亭

北海白塔

台山石也因长廊和楼宇的托衬而趋于协调。

再来看看北岸。最西端原有大圆镜智宝殿，已毁。其南面有长 25.5 米、高 6.9 米、宽 1.4 米的琉璃影壁，即著名的九龙壁。修建此壁的原意是以龙避火。壁的两面每面都镶了九条大龙，衬以云水，色泽艳丽、形态生动、拼接准确。我曾趴在壁上细细地数过，除了 9 条大龙之外，还发现了很多条小龙，是他们的孩子还是属下不可得知。

五龙亭由当中重檐的龙泽亭和两侧渐低的重檐的澄祥、涌瑞亭和单檐的滋香、浮翠等四个亭子组成。其中龙泽亭下方上圆，结构精巧，造型独特。这里是由北岸观琼岛的最好去处。

九龙壁

再往东走，可以看见一座庙宇，叫西天梵境。它前面有黄绿两色琉璃牌坊和山门及天王殿等。大殿为黄绿两色琉璃的无梁殿，与颐和园智能海同为清代仅有的两座大型琉璃饰面楼阁建筑。

如果你有兴趣还有体力再往东走，或干脆从北门进去向西，即到有名的静心斋了。它是一座园中园，入门处以一矩形小池塘代替前院，小池用整齐的条石护岸。正房名镜清斋，斋

静心斋

北海九龙壁

后临大池。大池的东、北、西三面均用“自由”堆砌的湖石护岸，以求和前院小池对比强烈。静心斋以叠山著名，环池岩穴层叠、曲折回环、亭廊错落、山石多用横皴。池西大假山上建枕峦亭，亭下有洞，是园中叠山之最佳处。取名“静心斋”，本意是让皇帝的儿子们在这里静下心来读书。不知这么美的环境能否令人静得下心。

多么幽静而平和的园子啊！可在白塔下一小广场上，竟然埋伏着几门大炮！它们是用来打仗的吗？原来，这是清朝初年皇上唯恐有人造反，一旦打进北京乃至故宫来，得有人迅速赶

来勤王啊。可没电话没手机的，怎么通知下面一干人等呢？有人出了个主意：鸣炮。但是炮的响动太大，要是设在故宫里，没准部队还没集合完毕，先把皇上一家子吓出个好歹的。于是就在位于市中心，又别太惊吓到皇上的北海里选一高地，安上五门大炮。一听炮响，上至官员下到士兵就都知道："哥儿几个，行动吧，皇上在喊救命了。"当然了，炮手要看到皇上发出的一个牌子"御旨放炮"方可开火，不然就乱了套了。

香山

香山在北京西郊，金大定二十六年（公元1186年）皇家在此初建香山寺，并用做皇帝的行宫。清代在这里大规模修建园林，定名为静宜园，著名景物有28景。

香山以自然山麓风景为主，其间点缀着多组建筑。但建筑尺度较小，密度也不大，并无主要建筑群，而是把建筑当作山势形胜处的点缀。山路穿插其间，景物幽深宁静。1860年全园建筑毁于英法联军之英军手里。现有建筑多为1911年以后所建，带有浓厚的民国（半西洋）风格。

昭庙是一座藏式建筑，为来京觐见的六世班禅所建。原有庙宇已毁，现仅余外壁和琉璃牌坊。此牌坊气魄宏大，壮丽辉煌，做工精致细密，是清代工艺的极品。琉璃塔在昭庙以西的山腰里，是班禅行宫的组成部分，共有七层，塔下有塑壁佛像及回廊。这组建筑因地位偏远，没被英法联军发现而幸免于难。

见心斋是一园中园，以圆形水池为中心，围以楼、亭、廊。

香山昭庙牌坊

饱览山林后乍见一汪清水，静观水中金鱼可解除登山之劳。主厅见心斋后为一高台，台上别有庭院。园中用巨大青石叠山，其风格与湖石、片石不同，乃以粗犷取胜，配以长松巨柏，几乎可与真山浑然一体，可惜日渐摧残，只能见其大致轮廓。

见心斋

颐和园

颐和园在北京西北 11 公里处，占地面积约 290 公顷，水面占四分之三。东面是稻田，特为种给皇上吃的大米产地一亩园就在这里。西面遥接玉泉山及西山诸峰，是天然的造园胜地。

其实，早在元代便有人开始在这里经营园林，那时山称瓮山，湖叫金海。明弘治、正德年间（公元 1488—1521 年）在此建立好山园。清康熙四十一年改为瓮山行宫。清乾隆十五年，皇帝为庆祝崇庆皇太后六十大寿，改瓮山为万寿山，又疏浚昆明湖，扩大水面，在湖东筑堤，命园名为清漪园，成为供皇家游赏的园囿。1860 年（清咸丰十年），清漪园被英法联军烧毁。1884 年，光绪为讨好慈禧，下令重修此园，并改名为今天的名字——颐和园。可惜好景不长，到了 1900 年，颐和园又遭八国联军破坏，园内文物被抢走，很多建筑被烧掉。三年后再次修复。但后山的藏式寺庙等多处建筑因无力恢复，至今仍保留着一些残垣断壁。

写到这里，想起我有一个问题憋了多年至今不解：人家抢

北宫门
排云殿
谐趣园
万寿山
佛香阁
东宫门
石舫
长廊
知春亭
昆明湖
玉带桥
西湖
南湖岛
镜桥
石桥
畅观堂
南湖
藻鉴堂
柳桥
绣漪桥
北

颐和园总平面图

颐和园前山

了你的东西，你还得花大价钱从强盗的孙子或孙子的孙子手里买回来，这是什么道理？我就奇怪啦，要都这样，还要什么警察啦反扒小组啦干什么？等着小偷卖赃物时本主再给买回来不就完了吗？唉，没处讲理去！

颐和园按建筑性质和景物特点，大体可分为宫廷、前山、后山后湖、南湖西湖四个部分。

第一部分，宫廷。从东宫门进来，过仁寿门，可见西太后接见大臣的仁寿殿。它坐西朝东，面阔九间，四周回廊，单檐卷棚灰瓦屋顶，不知为何等级这样低。庭院内的太湖石和树木给干巴巴的院子增加了些园林气氛。仁寿殿西的乐寿堂是西太后的寝宫。两侧的临湖游廊在白粉墙上开了各种形状的什锦灯窗，入夜灯火辉煌，极其华丽醒目。院内还有铜鹿等宫廷装饰。乐寿堂东南方临湖的玉澜堂和宜芸馆是光绪皇帝和皇后住的一所两进院子。仁寿殿北有德和园，内建一座三层戏楼，是太后看戏的地方。戏台设计精巧，天上、地下都能钻出人来，这使得喜欢热闹的慈禧特别高兴。

第二部分，前山。这部分以排云殿为中心，从凸向湖中的牌坊到高踞山顶的佛香阁、智慧海，构成一条由重重叠叠的黄琉璃顶组成的渐次升高的南北向的中轴线。再以一条汉白玉栏杆和 700 米长的带状长廊，自东而西横贯整个前山。这两条相互垂直的线勾画出了整个前山的轮廓，使散处的亭榭有所统属，相互呼应。此种处理手法简单而大胆，效果极佳，堪称园林设计中的大手笔。

排云殿是西太后接受祝寿的地方，它的两侧有近 20 组性质不同的大小建筑，隐现于山坳之中，树丛之后，其中较为重要的一处是画中游。

另一处是铜亭，作为一座真实的建筑物，古人别出心裁而又大胆地用了 207 吨铜浇铸而成。亭上的花纹采用我国传统的铸造工艺制作，技艺高超，巧夺天工，举世罕见。

画中游

佛香阁

长廊

佛香阁建在极其高大的石台之上，是全园的景物中心，也是俯瞰全园的最佳位置。登阁四望，南有水波浩渺中的龙王庙岛和十七孔桥，东有高低参差的知春亭、文昌阁和玉澜堂，西面的西堤六桥倒影婆娑，远塔刚直，近田碧绿，真是美不胜收。

东起邀月门，西至石丈亭的长廊，共有273间。间间雕梁画栋，并绘有187个故事，其时间跨度极大，从远古的三皇五帝到清代的《红楼梦》，它简直就是了解中国文明和历史的窗口。当然，画的篇幅是小了点，还得使劲抬头才能看见，但它们确实生动有趣。你想啊，哪个博物馆、美术馆能有这么好的风景在周围陪着！和朋友或家人一起逛颐和园，可以拿长廊上的画当历史的考试题目用，看谁讲出的故事多。

这里展示的是我照着长廊画，用钢笔画的几张。虽然是黑白的，但一样传神，还不用你抬头。

最西岸建有汉白玉船，名清宴舫。古代园林常把临水建筑做成船形，称为“不系舟”，清宴舫是其中最大的一座。这是在中式园林里的一个西洋风格的构筑物。

北有荇桥通向一岛。岛上的小建筑与万寿山西麓诸亭隔水相望，在山、堤之间增加了景物的层次和深度。

第三部分，后山后湖。万寿山后身有一条曲折的河流，因水面宽窄不一，故称后湖。湖两岸建筑已被英法联军毁去，仅余古松老柳倒映水中，衬着时隐时现的颓墙，却也别有宁静古

王羲之爱鹅

走马荐诸葛

西游记

画龙点睛

石舫

雅之感。后湖中部有座大石桥称做长桥，桥南有喇嘛庙残址。四座喇嘛塔分别叫白塔、红塔、绿塔和黑塔，近年来也得到恢复，在山里显眼地矗立着。另有多宝琉璃塔一座，塔为七层八角，琉璃色泽艳丽，预制拼装准确。近年来两岸又照原样全部恢复了，并起名“苏州街”。虽然需要另买10元的票，但还是值得一看，何况还有许多有趣的东西可买。

后山遍栽青松翠柏，多有姿态奇特者。东端山脚下有谐趣园，四周封闭，乃一园中之园，是仿无锡寄畅园所建。园景以水面为主，亭馆绕池，曲廊逶迤。北面正中涵远堂原名墨妙

多宝塔

轩，是主体建筑。园西北角有石峡，天然石头之中杂以人工雕作，迭作巧妙，难辨真伪。由此处引湖水入园，溪涧奔流，潮潮有声，似自然瀑布。东北角寻诗径，用黄色的北太湖石叠成，堪称清代叠石艺术的精品。

第四部分，西湖南湖。昆明湖西有仿杭州西湖苏堤修建的西堤，堤上布置了曲线优美的玉带桥等造型各异的六座桥。堤西有南北两湖，北面的湖称西湖，原有圆城及治镜阁，已毁；南面的湖中有二岛，其一岛上建有藻鉴堂。这两个湖中的三个岛大小不一鼎足而立，正为符合蓬莱三山求仙长生之说。

西堤以东的南湖上有

龙王岛，上建祀龙王的广润寺，又称龙王庙。岛东的十七孔桥与东堤相连，是从万寿山南望的重要对景。东岸有一铜牛，端坐岸边翘首西望。据说牛是镇水之物，有它在，无水患。

在颐和园的设计中，大量使用了借景法。不但园中相邻、相对建筑群及景物互为借因，还远借玉泉山的玉峰塔和更远的西山，令人感觉园子大得没边。先抑后扬（先藏着，再抖搂出来）的手法也处处可见。远在距东宫门百米之外，透过牌坊隐隐欲现的万寿山，就已吸引住了游人的目光。然而人们要过一道影壁墙和一条小河，进东宫门，穿庭过院，再曲曲折折地在一道假山里走一阵。然后，透过高耸的古柏树干，忽然出现了宏伟的万寿山和宽阔的昆明湖，你会忍不住发出一声轻轻的呼叫。这种处理手法在人们心里造成的惊喜感就比开门见山强烈多了。

颐和园是我国现存最大的皇家园囿，既有完整的总体设计，又有构思精密的建筑和景物布置，体现了我国传统造园艺术的极高水平，说它是古典园林中绝无仅有的瑰宝，绝不是吹捧。去北京而不去颐和园者，极少。

你可能看出来了，我在颐和园上花了太多的笔墨。是的，我极其喜欢颐和园。从 10 岁开始学游泳，直到现在画长廊，我一直在颐和园里转悠。要说我也去过世界不少地方了，但唯一一个百去不厌的地方，就是颐和园了。

颐和园后湖及苏州街

茶

铜牛

团城

团城在北海和中海之间，北对北海的积翠堆云桥，西对金鳌玉栋桥。高耸的城墙包围之下，令它看上去更像一座古堡。

团城是与北海同时建造的，原先它只是大湖里的一个小岛，元代围绕小岛建了一圈墙，因有了团城之名。其主殿承光殿是清康熙二十九年（公元 1690 年）在元代仪天殿的旧址上重建。承光殿平面呈亚字形，重檐歇山顶，四面出抱厦，四边的屋檐翼角做欲飞状，充分展示了古代大屋顶之美。殿后建有圆弧形平面的敬跻堂和其他小亭轩。殿前正中有琉璃方亭一座，内陈元代至元二年（公元 1265 年）所雕玉瓮。此瓮名曰“渎山大玉海”，其体量之巨大实为玉品中罕见，且玉质莹润，雕刻生动，是元代著名的宫廷珍宝。幸亏它太大，强盗拿不走，小偷背不动，才由明、清辗转遗传至今，是真正的国宝级的文物。

承光殿东有多株白皮松，传为金代所植，多年来不枯不死。其中一棵曾被乾隆皇帝戏封为“白袍将军”，它们均可作

承光殿

渎山大玉海

团城

为团城悠久历史的见证。奇怪的是团城高出地面4.6米，且无水源，何以大树并不缺水呢？这个谜近年来才被发现。由于要给古树施肥，树下的铺砖被挖起，才发现铺地砖的断面上大下小，类似古代的斗。更为有趣的是砖底下的衬砌材料，是一种吸水性极好的东西，类似海绵。下雨时它吸收了大量水分，干旱时让大树慢慢喝。而且团城的城墙上没设泄水口，显然是成心让雨水滞留在城内。聪明的祖先哪！真令我等后人敬佩不已。

在扩建北海和中南海之间的道路时，本打算将团城拆掉，在梁思成先生苦苦哀求之下团城才得以保留下来。谢谢您，梁先生！

圆明园

圆明园在西郊颐和园之东，原来规模不大，清康熙四十八年（公元1709年），康熙皇帝曾把这里赐给雍亲王做了私家花园。雍正即位后，于雍正三年（公元1725年）大加扩建。乾隆皇帝于乾隆二年（公元1737年）再次扩建，后来增加了仿江南名胜的圆明园四十景，随后又在东面新修了长春园，在南面合并若干王公私园，建成绮春园（后改称万春园）。圆明园、长春园、万春园三个园子合称“圆明三园”。

自雍正以后，这里实际上成了清朝的统治中心。自雍正以后的皇帝们一年三季都住在这里，在这里上朝、处理国事、接见外宾。

圆明三园里绝大部分都是中式建筑，它们的设计师是清代御用建筑师雷家，人称“样式雷”的就是他们家。但构思的则是皇帝本人，尤其雍正皇帝在这里倾注了大量心血。其总体构思是要以园喻国。因此，按照中国的版图西面堆山，东面凿水。皇帝酷爱江南又没工夫去，于是就把江南水景几乎全搬到这里来了。只有“西洋楼”和“水法”是意大利传教士朗世宁

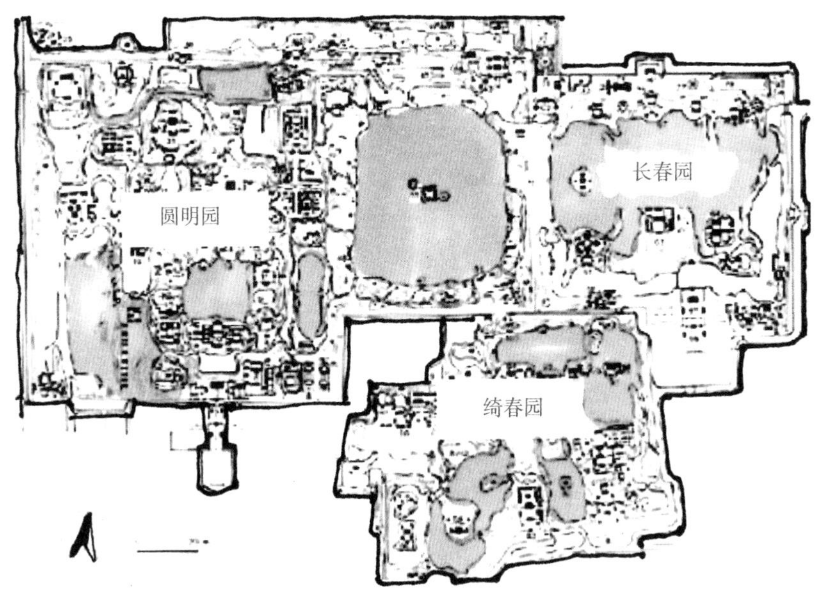

圆明园总平面图

仿法国洛可可式构图设计的。当初他要用女人的裸体雕像做喷水池边的装饰，雍正一看吓一大跳：女人不穿衣服！这还了得啦！给我换成动物！这才有了用十二生肖的铜像做的喷泉。

圆明三园前后历经一个世纪的修建，共有千余景点、上万座大小宫殿。它的面积足有6000个足球场那么大！这样的规模无论在中国还是世界上都是空前的，在当时即已闻名中外，曾被誉为“园中之王”。三园景物各有特色。圆明园前半部为外朝，后半部是建在岛上的寝宫“九洲清宴”。长春园较开阔，以园中岛上的淳化轩为主。绮春园因袭若干旧园，景物较曲折自然，建筑也小巧玲珑。

圆明三园是清帝不遗余力，穷极匠心，倾全国人力、物力、财力所建，反映了清代建筑、装修、造园的最高水平，且大量财宝聚集于此。第二次鸦片战争后期，咸丰十年（1860年），英法联军动用了200艘战舰、两万名官兵，在一个叫额尔金的“英国特命全权大使”和另一个叫格兰特的法国军官带领下打入中国，先从广州登陆，8月打天津，10月打北京。清军虽做了殊死抵抗，却因大刀无法与火枪火炮对打而屡战屡败。9月21日通州以西八里桥一战，清军以5万名士兵对英法联军1万多名士兵。结果千余名中国兵阵亡，八里桥下血流成河！

当时传言，英法联军打下通州后，本打算直接打北京城，这时出了个汉奸，名叫龚橙，他是大文学家龚自珍的亲儿子。这个败家子那时当着英国领事馆的“纪室”，不管是不是心甘情愿，反正是他告诉洋鬼子什么地方有宝物，还服务到家地带着洋鬼子到了圆明园。

1860年10月6日傍晚7点，洋鬼子来到海淀的圆明园。当他们要进入圆明园时，总管内务府大臣文丰亲自出面，拒绝了联军的无理要求。他回过身来在园子里找了半天，没见守园军队，大概是觉得保不住园子皇上要怪罪，于是投福海自尽了。户部主事秦焕在大敌将至之际，机智地将户部全部档案扔在地上，再把门窗隔墙院内土石等捣毁覆盖其上，使这一部分档案躲过了大火之灾，得以保存下来。2 小时以后，联军再次强行进入，在门内又与技勇八品首领任亮和 20 多名太监遭遇。任亮等寡不敌众，以身殉国。

英法联军占领圆明园后，距此 10 里地的谢庄 19 岁的姑娘冯婉贞挑头拉起了农民敌后武工队，屡挫来犯之敌。可惜这些星星点点的抵抗太过微弱，无济于事。6 号当天，圆明三园被占领。从 8 号到 10 号，英法联军的士兵进行了 3 天的大抢掠，凡能拿走的都揣在怀里、装在口袋里拿走了，拿不走的则打得粉碎！临走时，那个罪该万死的法国军官格兰特竟然得意洋洋地说："必须留下点什么，以便证明我们的胜利。"这个"证明"就是放火！

惨哪！冲天的大火烧了三天三夜，灰尘则在空中飘荡了一星期。当时在园中尚有 300 多名无家可归的太监宫女，见大火燃起，无奈之下跑到了他们认为最神圣的皇家祖庙里去。他们天真地以为这里悬挂着 8 个皇帝的画像，外国人可能不敢烧吧。可他们不知道，那不是外宾，那是强盗啊！强盗还管你的什么祖不祖庙的，300 多人竟活活地被烧死在了屋里！

烧完圆明园，他们又跑到西山，把香山等几处园子也都放火烧了，连距离圆明园不远的清华园也未能幸免于难。1900 年，这帮强盗的儿子孙子们连同其他六国的强盗又来了，他们

大水法残骸

贪婪地在已成废墟的圆明园里又扒拉出不少宝贝来。再以后的几十年里，废墟里可用的东西不断被一些达官贵人们“挪用”，至今已是惨不忍睹。仅大水法、西洋楼，因是用巨大的石头造的，才留下了一些坏、搬不动的石头柱子。

1960年，我在北京101中学上高中。当时我们学校曾举行了为期一周的“纪念火烧圆明园一百周年”活动。我们踏遍了圆明园废墟的山坡和湖泊（许多已成稻田和养鸭场），并走访了园内居民。我曾在一家农民的院子里看见雕刻精美的汉白玉的猪食槽子。想必那不是他花钱请人打造的。

西洋楼遗迹

由于太多东西找不回来，或者说明知在哪里却买不回来，圆明园至今无法恢复原貌，现被辟为遗址公园。

大水法和西洋楼遗迹

卷六

陵墓

“墓”字在古代和“没”“殁”同音，意思是人死了就没了。在春秋以前，死了人是“墓而不坟”的，后来大概是猪拱鸡刨的，弄得满地骨头令后人不忍，才加了状如山丘的坟头。

帝王的陵墓和常人的又有所不同，它经历了三个发展阶段：第一阶段称为“上方式”，用黄土夯筑成上小下大的方锥体，类似金字塔，只是少了个尖。陕西临潼的秦始皇陵就是这种。第二阶段是以山为陵。此类陵墓始于汉而盛于唐，李世民的昭陵便是在长安西北凿山而建，山石坚硬且用铅水封闭，难以被盗。可如此坚硬的石头山并不好找。第三阶段是宝城宝顶阶段，即明十三陵的形式。这种陵墓是极尽张扬之事，在地上砌筑起高大的环形城墙，称之为“宝城”。城的前方起楼称“明楼”，城墙内用土堆出一个高高的圆包，称为“宝顶”。明清帝王陵寝的棺椁在玄宫之内。这些陵寝命运各不相同，有的被发掘（如明定陵），有的被盗掘（如清景陵），还有的保存至今（如明景陵等）。

北京虽是辽、金、元、明、清五朝古都，但辽、清两朝帝王的陵墓都不在北京。金朝陵墓虽在今北京房山，却已于明天启二年被毁，仅余零星遗址。元代无墓。如今在北京完整保留下来的帝王陵墓只有明十三陵。明、清两代还有不少亲王、公主的墓，以至于现在在北京到处都有叫公主坟、某王坟的地名，但名副其实保留下来坟头的却很少。这里我们挑几座典型的坟墓，通过它们可以大致了解某一个时期大型墓地是个什么样子。

轩辕台

开着车出了北京，北上到顺义后向东拐，1小时就到了平谷区。从平谷区城中心再向东北走9公里，就到了地图上没有，靠打听出来的山东庄镇。刚一进镇子，突然眼前冒出来一个30来米高的土丘，这个大土包就是我此行的目的地黄帝陵——轩辕台。

黄帝，少典之子，复姓公孙，名轩辕。传说黄帝是神人，因此他死后从天上飞来一条黄龙，要驮他上天。百姓哪里舍得，紧抓其衣不放，最后衣服被扯破，有一块衣襟被攥在人们手里，可黄帝的真体还是走了，人们只得万分难过地将他那块衣襟葬了，这就是轩辕台的来历。

轩辕台的风水极好，北屏障是渔子山，有九条河自北向南而下，在这里汇合，当地人称之为“九水归一”。南面是京东大平原。上得台来，正面为高大的阙门，朱雀展翅、狮虎雄踞于大门两侧。进入阙门，有唐初诗人陈子昂所作《轩辕台》诗之石刻及《重修轩辕庙记》汉白玉碑。轩辕台正殿广五间，单

轩辕台远眺

檐庑殿黄琉璃瓦顶，内有黄帝坐像，两侧立伏羲、神农，是北京地区重要的中华始祖轩辕黄帝的遗迹之一。

可惜因为是战略要地，原建筑在抗日战争时期被日本鬼子占领当了炮楼，临走又给炸平了。问了几位坐在坡下乘凉的老百姓，说现有建筑是1994年新修的。“钱从哪儿来？”“一部分上头拨款，一部分村民集资。”“舍得出钱？”“啊，祖宗的坟嘛，舍得。”

古燕国的王公墓

巧了，我到西周燕都遗址博物馆时，时间尚早，二门紧闭，但大门已开，于是坐在台阶上跟同样远道而来等着开馆的馆长聊起了天。他告诉我，20世纪40年代，有一位大学生路过京郊琉璃河，无意中在地上捡了一块瓦当，仔细一看觉得此物不凡，就到处呼吁挖掘并研究那一带。但当时的政府忙着剿匪打仗，没心思考古，此事就放置不提了。1970年，某村民在自家地里掘井，挖出一个61厘米高的完整的青铜器，立即拿包袱皮给包得严严实实的，亲自前往城里，将青铜器交给了有关部门（幸亏那时还没有文物走私贩子），于是乎得到了一本《毛泽东选集》和5角钱，刚够他乘火车回家的。

据此，1973年文物部门开始对琉璃河的董家林进行探挖和研究。经过十多年的工作，发现了大约是西周时期燕国的城墙及200多座墓葬。这些墓葬都是简单的矩形夯土坑，土坑呈台阶形，上大下小。最底下的坑里安放墓主，上几层放殉葬的物品，其中最大的一件就是1970年那位村民交来的“堇鼎”。目

堇鼎模型

前已确认的墓主人复、伯矩、攸、堇、圉都是燕侯手下的大臣。这几位大臣的墓坑里都只葬着墓主本人、一辆车、两匹马和几十件青铜器。其中那个叫攸的看来是个财迷，他的肚子上放满了古代当作钱用的小圆贝壳。

1987 年在附近曾挖出一个车马坑，根据内有 24 匹马的规模看，此坑应属一个大官儿甚或燕侯本人的了。为了更好地保护它们，已暂时将此坑回填，待考古技术有了进一步发展时，我们就可以知道更多的事情了。

西汉燕王墓

1974年，文物局在丰台郭公庄大葆台发现一座已多次被盗的汉墓。墓的主人是东汉广阳王刘建。墓的修建年代应为公元前80年左右。看来刘建是想当皇帝，其墓葬完全用了天子制式所谓的“梓宫、便房、黄肠题凑”的形式建造。记得当时报上有所报道，我还对所谓“黄肠题凑”一词不明就里，心想坟墓里哪儿来的肠子啊。到这里一看才明白，原来“黄肠”是指黄心的柏木枋子，这种柏木的木质极好，钉子都钉不进去，敲之声若钢铁。“题凑”是一种加工方法，即将木枋子榫接，其榫头又都朝内。

这个木枋子榫接成的3米高的大箱子，把梓宫和便房围在当中。“梓宫”是用珍贵的木材特制的五层棺、两层椁的棺椁，象征帝王的寝宫；“便房”设在梓宫之前，象征帝王的起居厅；四周还分了好些格子，称为“厢”，厢内放殉葬品。西汉燕王墓所用的柏木枋子共15880根，每根长90厘米，断面20厘米见方。黄肠题凑之外又有外回廊。在长条形的墓道里有保存

黄肠题凑

完好的随葬车马，共3辆车、11匹马。整个墓室顶上盖了木头，其上覆一层碳、一层石灰，再一层碳用以防潮。随葬品虽经多次偷盗，劫后余生的还有400多件，包括握在主人手中的“令牌”。看来这帮盗墓贼不是怕死人就是不识货，连这么好的东西都没拿走。

这个东西画是画不出原貌的，就奉上相片了，是我自己照的，不是盗版。

金陵

金陵位于北京房山车场村（燕山石化总厂西北）向北 3 公里处大房山脚下。这是真正的金陵，金代的陵墓。

大房山气势磅礴，林丛木茂，山谷里清澈的泉水常年奔流不息。无怪乎金代海陵王完颜亮在迁都北京后，派人在京郊找寻“万年吉地”，一年多后终于看中了这里。

弑兄政变上台的海陵王完颜亮是个革新派。为改变女真族的落后面貌，他一上台就决定把首都由会宁府（今黑龙江省哈尔滨市阿城区）迁到地广土坚、人繁物茂的燕京来。可旧贵族们齐声反对，说是祖坟在这里，所以不能走。完颜亮为堵住他们的嘴，干脆连祖坟也一并迁了过来。

金天德三年（公元 1151 年），海陵王在北京建筑金中都宫室的同时，在大房山下筑陵。因海陵王亲临现场监工，当然也因为墓穴极其简单，不难发现，所谓的皇陵，就是在地上挖个坑，四周砌上大石头，然后把棺材往里头一放，一埋，齐活！比老百姓的坟都差劲，因此工程进展神速：这个方圆 130 里的

金陵墓坑

大陵园 3 月份开工，5 月就修筑完毕了。当年的 6 月至 10 月，他命人分了 3 次将埋在会宁府的从金太祖完颜阿骨打开始的 10 个死皇帝，以及备受他尊重的叔叔完颜宗弼（就是跟岳飞打仗的那个金兀术），都迎了进来，分葬在十五个陵墓之内。

可叹的是完颜亮忙活了半天，却因内部夺权之故，没能享受这个亲手所建的金陵。在他以后，又有金世宗葬在兴陵，金章宗葬在道陵。

2002 年，当我从报纸上看到有关金陵开发的消息，立即驱车前往。但当时金陵尚未对外开放。那天我走到半路，有

金陵神道

点迷路了，在一处类似停车场的地方泊了车正打算问路，只见好几辆车也停在了这里。我心说怪了，这荒村野岭的，有谁跟我似的也到这里来呢？车上的人下来活动抽烟，我便在边上支棱起耳朵听他们说什么。果不其然，他们正是北京市文物局的人，来这里检查工作。再次出发时我便尾随着他们一路来到了“门口”。本想装聋作哑地继续尾随进去，谁知眼尖的门卫大概觉得这人面生，就指着我问正往里走的人：“她是你们一起的吗？”那人看了我一眼：“不是。”得！两个字便把我枪毙在了门外。所幸没把我“法办”了。

我心有不甘，过了几天又去了。这回我来了个“农村包围城市”，先到紧挨着金陵的村里转悠，看见一位面善者，遂上前搭话。进入正题后，那人道：“想看金陵，容易！村治保主任是我侄子，我说去就去。”我一看，遇上真神啦，于是主动提出给他 50 块钱做导游费。他欣然接受，揣起钱说了声：“走。”我们就相跟着出发了。一路上除了过五关斩六将外，他还热心地为我讲解，连村民帮文物局挖地的工钱他都门清，估计导游都未见得有这么丰富的知识。

金陵坐北朝南，分为埋皇帝的帝陵、埋皇后妃子的坤厚陵及埋众位王爷的兆域三大部分。它的范围最大时有方圆 130 里。其所依山势极其巧妙。正当中一矮山，形状恰似一尊坐着的弥勒佛，左右两边由高而低缓缓降下的山，是佛爷环状的两臂。整个陵区就安然趴卧在佛爷的肚皮正中。而在它北面海拔 1300 米的云峰山，就像是佛爷的椅子背。由南面绕过屏风状的小山步入陵区，最先看到的是 1987 年出土的汉白玉台阶的神道，其台阶面上刻着卷草纹，花纹镶对极其工整，两边的栏板刻二龙戏珠图。左右各有石阕一座，现仅存其基础。再向上便是一些陵坑了。

金陵的墓葬虽简陋，但排水系统设计很巧妙。因怕山洪冲击，浸泡陵墓，建设者在整个陵区的最后面用大石块修筑了两道环状的地下水渠，高、宽皆 2 米。下雨时山上的水被这两道暗渠引到老佛爷的胳肢窝里，然后便奔出石渠沿山而下，形成两道清澈的小河，跳跃在山石之间。我在“导游”的带领下还钻到里面体验了一下，跟焦庄户地道似的，很是壮观。

在整个陵区的最高处，也就是最北端，便是金太祖完颜阿骨打的陵墓——睿陵。即使这个规格最高的陵也没有地宫等设施，仅仅是在原寺庙的基础上向下凿出一坑，坑内安放棺椁，其上再筑宝顶，前面建有原庙（即享殿，烧香用）。现在仅找到睿陵的石碑，字迹已经模糊不清了，但从一些红色的蛛丝马迹上还能看出，当年这块石碑的字是涂过朱砂的。

整个陵墓里修得最好的是道陵，因为这是金章宗在世时自己修的。那时正是太平盛世，章宗又对园林情有独钟，道陵建得豪华秀丽。元代燕京八景中的“道陵苍茫”直至明代景色不衰。

金陵在元代是备受礼遇的，每年皇帝必派重臣前往祭祀。然而当清军打下沈阳后，明熹宗听信形家之说，想起金、满乃是同宗，为断其气，于明天启元年（公元1621年）断金陵祭祀，第二年将陵园夷为平地，还觉得不解气，第三年又在废墟上建了若干庙宇。可叹这些蠢办法并未挡住明朝的灭亡。

满族人认女真人为自己的祖先，因此在明代严重破坏的废墟之上，清朝尽其所能地将金陵做了恢复。

明十三陵

明朝共有十六个皇帝。第一个皇帝，明太祖朱元璋的陵墓在南京。第二个皇帝，朱元璋的孙子建文帝，被他叔叔朱棣赶下了台，据说到西南出家当了和尚。晚年回宫，死后可能是葬在北京西山红山口一带。第七个皇帝明代宗朱祁钰（又称景泰帝）因夺门之变临死被他哥哥明英宗降为成王，葬在西山。除此以外，从永乐帝朱棣到崇祯帝朱由检的十三个皇帝都葬在北京昌平，因此称之为明十三陵。这是一块英明睿智与昏庸不才错落其间，太平盛世和动荡不安纵横交织的土地。

明十三陵在北京昌平区天寿山南的山谷中，陵区当中是盆地，四面环山，仅西南方向山脉中断，形成一个缺口，像是咬了一口的面包圈，那个豁口便是进出陵区的入口。陵墓群以天寿山主峰下永乐帝的长陵为中心，其他十二座各以一个山头做背景，分列在东、北、西三面的山脚下。十三座陵墓横亘15公里，方圆120公里。远观群峰环抱，近看各依一山，互相呼应，气势雄伟。别看明朝的皇帝一个个都不怎么地，死后安身

九泰陵
十康陵
六裕陵
八茂陵
十四庆陵
四献陵
三长陵
五景陵
十二昭陵
十三定陵
十五德陵
十一永陵
龙凤门
十六思陵
石像生
十三陵水库
碑亭
石牌坊
北
注：图中数字是皇帝的顺序，如朱棣是第三个皇帝。

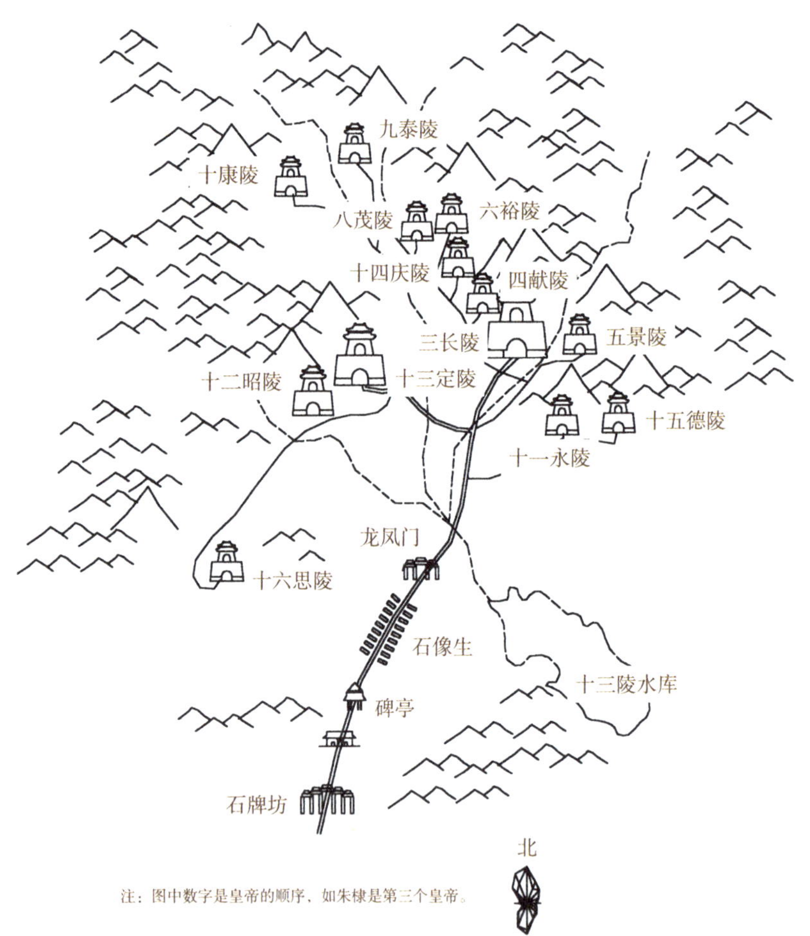

十三陵总平面图

之地比起清东陵、西陵，那可是强太多了。

作为前奏，陵区入口外1公里处有一巨大的汉白玉石牌坊。此牌坊建于明嘉靖十九年（公元1540年），总宽29米，高14米，面阔五间，有十一个大小不同的屋顶，即所谓“五间六柱十一楼”。牌坊夹杆石上浮雕的云龙极为精美，是我国现存体量最大的石牌坊。牌坊当中的一间正对天寿山的主峰和陵区入口的大红门，可知总体布局是经过仔细推敲的。

大红门是一座单檐歇山屋顶的砖砌建筑，高踞一岗之上，东、西面有龙、虎两座小山夹峙。大红门内的碑亭是一座重檐歇山屋顶的方形砖砌建筑，建于明宣德十年（公元1435年）。里面3000字的《大明神功圣德碑》是用了10年的工夫才刻完的。碑亭四角辅以四个华表，以增加碑亭的气势。其柱身浮雕盘龙优美生动，雕刻之精细无以复加，与天安门前的华表同为明代前期之杰作。

碑亭以北即为明宣德十年设置的长陵神道。蜿蜒800米长的神道两旁成对地设置了2立2蹲的4头狮子、4头獬豸、4匹骆驼、4头大象、4个麒麟、4匹马。然后是4名武将（二老二少）、4名文臣、4名勋臣。他们统称为“石象生”。

作为序曲的结束，神道最北端是一石牌坊式的龙凤门。再向北，地势渐低，从广阔的河滩上，你便可以看到一丛丛密林簇拥着红墙黄瓦的方城明楼。望着它，真好似在欣赏一幅长长的山水画卷。

十三陵碑亭

越过河滩上的两座桥，逐渐走上了长陵所在的山坡。长陵是明朝第三个皇帝明成祖朱棣（年号永乐）的墓。因他是迁都北京后的第一个皇帝，在整个陵群里是绝对的中心。长陵前半部分平面是矩形的，用以祭祀，以祾恩殿为主。后半部分平面为圆形，是陵墓部分，以宝顶和前方的明楼为主。整个陵墓最前面为陵门，门内是一横长形庭院，东西两侧原有的神厨、神库已不存，但碑亭一座尚在。亭内石碑石质润泽，雕刻生动，在明陵诸碑中是罕见的。正北面坐北朝南的祾恩殿面阔 9 间，进深 6 间，用了建筑等级最高的重檐庑殿顶黄琉璃。它建在 3 层高的汉白玉台基上，殿前云龙御路雕工古朴严谨，应是明初

神道之武将

长陵鸟瞰

原物。此殿有内柱32根、檐柱30根。最当中的4根柱子直径达1.17米，高度12米，每根柱子都用整根香楠木制成，中间4柱饰以金莲花。

棱恩殿后面是内红门，再向里则是重檐歇山屋顶的方城明楼。它的平面呈正方形，每边长35米，高15米，中间有门洞，楼内有一巨大石碑，当时曾用朱砂描画碑上的云气，故称此碑为“朱砂碑”，至今朱色依稀可辨。方城前有石桌，上有石香炉、烛台、花瓶等共5件，称“石几宴”。方城后连接四周砌砖的宝城。

明代前期施行活人殉葬制，皇帝死后不甘寂寞，要他的妃子们在阴间相伴。朱棣的陪葬妃子有16人之多，其中8个葬在德陵东南角的“东井”里，8个葬在定陵西北的“西井”里。鉴于殉葬过程相当惨，因此明史中对其细节秘不外传。但朝鲜女子韩氏曾被选送给太祖为妃，太祖死，韩氏与另一朝鲜女子崔氏同被殉葬，其时她的乳母金黑在场，因而整个过程得以在朝鲜《李朝实录》中披露：首先选好“黄道吉日”，让中选的妃子们饱餐一顿，然后太监把她们拉到一间专门的殿内，屋里放着一排木床，在“哭声震殿阁”中这些可怜的女人立在床上，她们的头被套在梁上悬下的绳套里，韩氏此时还曾对金黑哭叫道：“娘，我去了！娘，我去了！”话没说完一声令下，太监们踹开木床，人就活活被吊死了！然后将尸体放入棺材内，从竖井缒下埋葬。

对于清朝的皇帝，因为大量的影视作品，咱们都挺熟悉了，而明朝的皇帝们，似乎没多少人感兴趣。倒也是，明朝一共十六个皇帝，有点出息的还真挑不出几个。不过我觉得，怎么也不能让他们太默默无闻了。借着十三陵，就把他们简约地说说吧。

前面的长陵是第三个皇帝朱棣的。第一位朱元璋死在南京，第二位朱元璋的孙子建文帝朱允炆被他叔叔朱棣轰走了，不知其所终。

第四个皇帝明仁宗（年号洪熙）在位不到一年就死了。献陵是他儿子朱瞻基在天寿山西峰下给他修的，其布局仿长陵。仁宗在遗诏中说：“朕临御日浅，恩泽未浃于民，不忍重劳。山陵制度务从俭约。”朱瞻基尊奉遗诏，亲定献陵规制，仅用了3个月就让老子入土为安了。

明宣宗（年号宣德）是第五个皇帝。他既然亲定了爸爸献陵的规模，自己当然不能铺张，他的景陵不比献陵大多少。宣宗在位时曾对整个陵区进行了修整，主要是建了长陵功德碑和有着石象生的神道，从而奠定了十三陵的基本规模。

裕陵的主人明英宗7岁登基，是第六个皇帝，年号正统。临死时他立下遗诏，从自己开始废除宫妃殉葬，这给英宗本不出色的一生添了光彩的一笔。

当中这第七位是个代理的，一会儿再表。

第八个皇帝明宪宗（年号成化）终生只宠爱比他大19岁的万贵妃，为她耗尽了祖宗攒下的七窖金子。成化二十三年春，万贵妃死去，宪宗长叹道：“万侍长去了，我亦将去矣！”是年秋八月他也死了，年仅40岁。他的陵墓茂陵极力铺张。1935年，民国政府普查十三陵，发现“唯茂陵今独完好”。

第九个皇帝明孝宗朱祐樘（年号弘治）是他爸爸宪宗与纪氏所生。备受宪宗宠爱的万贵妃原来人还可以，后来发现自己不能生育，脾气日渐增长，听说哪个妃子怀了孕，立即派人前往实施打胎（当然是背着皇帝）。有一日，皇帝闲来无事瞎溜达，看见一个管仓库的纪姑娘清纯可爱，不像后宫其他女人一样竭尽能事讨好皇上，一高兴，便“临幸”了她。谁知就这一“幸”，竟然“幸”出个孩子来。宫女太监们出于对万贵妃的恨，就偷偷地把他养了起来，后来由废后吴氏抚养。直至成化十一年朱见深有一次感叹无子，身边太监这才把小朱祐樘的事情说了出来。皇上喜出望外，当年立这孩子为太子。皇帝驾崩后朱祐樘继了大统。由于朱祐樘出身微贱，又是在宫女中间长大，因此他少了好些王宫贵胄的坏毛病。他在位18年，基本上可称勤政爱民。他的陵墓泰陵在最北边，依史家山而建。陵前有神路，神路上有五孔桥一座。陵两侧有览庄、灰岭二水流过，风景极美。

明武宗（年号正德）是第十个皇帝，也是明朝最荒诞的皇帝。他在位16年，宠信奸佞，专事游乐，尤喜淫荡。死后葬康陵。康陵所依的金岭山被戏称为“莲花山”，暗指此人“恋花”。

第十一个皇帝明世宗（年号嘉靖）迷恋方术，宠信道士，且用宫女的经血做炼丹原料。宫女们苦不堪言，多人被打死，这引起了宫女们的强烈反抗。嘉靖二十一年（1542年）十月，16名宫女突然冲进皇上过夜的曹妃住处，趁他熟睡之际七手八脚按胳膊、压大腿、勒脖子。可惜过于慌张，只将他勒昏了过去。这时，一名宫女跑去报告皇后，结果16名宫女连皇后所讨厌的曹妃全部押往菜市口凌迟处死，在明史上写下惨烈的一笔。这个炼丹皇

昭陵明楼

帝在位 45 年，最后死于丹药中毒，埋在永陵。永陵背依阳翠岭，其壮丽景致甚于长陵。明楼全部用石头砌成，所用花斑石质地极坚，历经 400 余年其棱角犹如新琢。

第十二个皇帝明穆宗（年号隆庆）是嘉靖的三子，因长期受压抑，使他比较约束自己的举止并接近百姓，在他 5 年多的当政期间能重用贤臣张居正等人。可惜好事不长，35 岁时穆宗就因中风死去。他的陵墓昭陵现已修整一新对外开放了。

昭陵是 1987 年修复的一组完整的陵寝建筑。最前面的明楼内有无字碑一块，然后是祾恩门、祾恩殿，最后是宝城。祾恩殿是每年祭祀死去的皇帝用的。巨大的供桌上供有 106 道菜。桌后的四把太师椅分别是穆宗和他的三个皇后、贵妃的灵魂坐的。殿内 40 根巨大的柱子高近 10 米，承托着重檐庑殿的屋顶。想当初，这些柱子都是金丝楠木的，近年重修时楠木早已没了踪影，倒是美国友好人士捐赠了 40 棵红杉树，解了咱们的燃眉之急。

宝城和方城一起围成了一个月牙形的封闭院落，当中据说是皇帝的坟包。但我表示怀疑：这不是给盗墓的提供方便吗？

第十三个皇帝明神宗（年号万历）是明朝享国最久的一个。他统治的年代是明朝走向灭亡的开端。他的陵墓定陵始建于明万历十二年（公元 1584 年），花费了白银 800 万两，历时 6 年，于公元 1590 年基本竣工。定陵在长陵西南方大峪山下，面东。它的规模之宏大，单看地宫就可见一斑了。定陵地宫是十三陵中唯一找到的地下建筑。它是在 1956 年农民挖地时被发掘的。1957 年 5 月，人们找到了大门。原入口是砖砌的券形隧道，宽 8 米。另有与之不相通的 40 米长的石隧道。隧道西端为“金刚墙”，墙内方形石室的西壁上开着深藏地下 7.3 米的玄宫的大门。玄宫由 5 座筒壳式结构的大殿组成，分前后左右中，总面积 1195 平方米。5 座大殿内竟连一根柱子都没有，全是以巨石发券而成，其宽阔可与宫中寝殿媲美，其坚固可称万年不毁。各殿门扇也均用整块石头雕成。前殿相当于前厅，中殿安放宝座、供具和长明灯，左右配殿有汉白玉石棺床，上放明神宗（万历）和他两个皇后的棺材，左右朱箱内

定陵地宫

放了大量的陪葬品。

第十四个皇帝明光宗（年号泰昌）与乃父相反，只当了一个月皇帝就死了。光宗死得匆忙，没来得及为自己建坟，幸好原来给景泰帝预备的墓还空着，就把他葬了进去，这就是庆陵。

第十五个皇帝明熹宗朱由校（年号天启）又是个怪物。他有两大嗜好。一是做木匠。在他刨木头刨得正起劲时，掌权的太监魏忠贤不论向他请示什么，他都不耐烦地挥挥手："你看着办吧！"二是无限信赖乳母客氏。某日在西苑划船，熹宗被风掀到了水里，连惊带吓一病不起。两年后，当了七年糊涂皇帝的熹宗便一命呜呼，葬在仓促修建的德陵里。

明熹宗朱由校 15 岁即位，22 岁就死了。按说 22 岁已进入青春期了，可以有孩子了，可他偏偏无后。临死让他 20 岁的五弟朱由检继承帝位，这就是明朝第十六个，也是最后一个皇帝明思宗（年号崇祯）。崇祯在风雨飘摇中度过了 17 年，竟忙得没工夫修自己的陵墓，终于落得个亡朝自尽的下场。他死后，一个叫赵一桂的太监收了皇帝皇后的尸体，集了点儿资，把一年前死去的崇祯爱妃田贵妃在十三陵西小红门外鹿马山下的坟刨开，将崇祯挤在当中，皇后、贵妃一右一左草草埋了。后来清朝的顺治皇帝为收买人心，又舍不得自己掏腰包，用民间集资来的钱修了个像模像样的陵墓，把已然化为白骨的帝后们埋了进去，这就是思陵。

景泰帝陵

现在，明朝的第七位皇帝登场了。这话要从公元1449年说起。这一年，第六个皇帝明英宗朱祁镇在太监王振的鼓动下，全然不听劝阻，哭着喊着御驾亲征去打瓦剌，结果在土木之役兵败被俘。13天后，其弟朱祁钰在他妈妈的建议下，老大不情愿地正式登基做了皇帝，这就是明代宗，改年号景泰。

朱祁钰在位8年，还真做了点好事，如重用爱国将领于谦，整顿军队并抵抗瓦剌人的入侵。一年后，瓦剌人看看这个过景的皇帝没什么用了，还得好吃好喝地供着，干脆把他还给了明朝。开始还不大愿意当皇帝的朱祁钰才一年就坐龙椅坐上瘾了。等哥哥回来后，竟把他软禁在了南宫。自己又接着当了8年皇帝，而且还打算废了英宗的儿子太子之位，立自己的儿子。这下把老天爷给激怒了，给了他一个惨痛的报复——儿子病死了。某次趁着这个代理皇上感冒严重，几个人迎回了他的哥哥重登龙椅。英宗一肚子的气憋了这么多年，好容易复辟了，哪还有他弟弟什么好果子吃啊？先是立即宣布把弟弟降为成王，19 天以后（景泰八年，公元 1457 年），代宗被宦官蒋安勒死。这位代理皇帝的丧事是以亲王待遇草草了事的，陵墓也建在十三陵以外的玉泉山北的金山口。直到十八年后，英宗的儿子，明宪宗朱见深才给这位被排挤在外的叔叔恢复了皇帝的名分，并建了碑亭。到了清朝，好管闲事又喜文弄墨的乾隆在石碑的阴面又加刻了一篇碑文，文曰：“景帝任于谦，排群议而力战守，不可谓无功于宗社。独是英宗还国，僻处南宫，事同禁锢，而废后易储有贪心焉。天道还好，子亦随死，终于杀，礼西山，实所自取耳。然英宗亦岂得辞寡恩尺布之讥哉！”对这段历史给了一个精辟的总结。

今日颐和园到香山之间的某干休所所在地内就是这位景泰帝的陵墓。陵墓本身几乎被夷为平地，几位老同志正在陵前空地上兴致盎然地打门球，全然不理会地底下那位的反应。如果不是碑亭和陵门仍然健在，还真的也许找不到景泰帝的痕迹了呢。

不过朱祁钰的时代还是在中国工艺史上留下了重重的一笔，那就是闻名世界的景泰蓝。他老爸朱瞻基特爱摆弄铜器，以他的年号宣德命名的宣德炉也是闻名于世的。朱祁钰子承父癖，也好摆弄瓶瓶罐罐的，可要是也做铜炉子，显不出自己的特色品牌来不是。于是他命人别出心裁地在铜器上盘上细铜丝，再用珐琅涂上色，高温烧制而成另外一种东西。它以其鲜艳的颜色不输宣德炉。因在景泰年间这种产品只是蓝色而得景泰蓝之名。

景泰帝陵

田义墓

田义墓在西郊模式口村内，是一个明代太监的群墓。主要人物田义是陕西华阴县人，生于嘉靖十三年（公元1534年），9岁净身入宫，卒于明万历三十三年（公元1605年）11月，活了71岁，算是长命的了。他是嘉靖、隆庆、万历三世的监掌印太监。此人虽为太监，然素怀忠义且禀性耿直。由于当面劝说皇帝削减赋税，差点儿被砍了头，其胆识在宦官中实属罕见。但他“周慎简重，练达老诚”，深得各届皇帝信任，甚至让他一个宦官去镇守南京，还给予蟒袍玉带的特殊待遇。所以他死了以后，十几个同事（太监）都争先恐后地埋在他旁边，想沾点福气。

田义墓园建于明万历三十三年，占地6000平方米。进入大门后有一华表，柱身不用龙纹而只用云纹，表示了他的奴婢身份。虽然显赫，但还是奴婢。再向里有文武二人组成的神路，神路北面有一棂星门，当中开一方门洞，两侧壁上阳面浮雕为双狮花树，阴面为双鹿虫草。门洞内并排3座碑亭，碑文

田义墓

田义墓棂星门

内容俱是万历皇帝给他的显示权力的圣旨和表扬他的话。碑亭后原有享殿、寿域门，已毁。最里面的墓园有上供用的石五供。按说老百姓的墓地前只能用石三供，即当中一个石香炉，两边两个石烛台。而石五供是皇族才可以用的，它比石三供多了两个石花瓶，可见皇帝多么宠爱他了。

整个墓地里的石雕内容复杂，品种繁多，花纹细致，且题材大多是有关佛教、道教的，简直是个小型的石雕展览和宗教教育基地，且有极高的艺术和欣赏价值。还有一些石碑及 4 个坟包，最大的属田义，其他 3 个是他名义上妻妾的。大坟包正下方是砖砌的墓室，面积约 20 平方米，因墓早已被盗，室内除垫棺椁的两条砖墩外，空空如也。

清醇亲王墓（七王坟）

醇亲王奕譞是清道光皇帝的第七个儿子，咸丰皇帝的弟弟。他生于道光二十年（公元1840年），卒于光绪十七年（公元1891年）。19岁时，听话的他放着心爱的姑娘不敢娶，奉命和慈禧之妹结了婚，遂成皇家的亲上加亲。你想嘛，慈禧是咸丰的媳妇，醇亲王奕譞就是皇上的连襟，多可信哪。

慈禧和咸丰帝生的儿子同治帝死后，慈禧成了皇太后。于是她郁闷了起来，怕一旦孙子辈的谁上了台，自己就升成太皇太后了，那时还能这么颐指气使地说一不二吗？恐怕就得靠边站喽。她是个权力欲极强的女人。经过一番冥思苦想，终于有了个绝招：让自己妹妹的孩子，也就是自己的外甥当皇帝！于是醇亲王的二儿子载湉就大大出乎自己意外地成了光绪皇帝。醇亲王也就从皇上的连襟变成皇上的爹了。

在当连襟的年代里，醇亲王还挺听慈禧的话，帮她搞政变，给她当暗探什么的。慢慢地，眼见着皇家内部钩心斗角愈演愈烈，他在中年以后对政治失去了兴趣，于是在西郊妙高峰下选中一块地，从 1869 年起，开始在这里修他的 8 平方公里的阳宅和阴宅。此建筑用了 6 年的时间，终于在儿子光绪皇帝登基前完工了。从此，他便半隐居于这座新建的王府内，并命其名为退省斋，意思是对朝廷说：对不起，不陪你们玩儿啦。后来这里又陆续添建抱厦、月台、福晋墓等，直到光绪二十五年(公元 1899 年)，醇亲王都死了 9 年了，这两组建筑在皇上这个孝子的关怀下才算完工。整个园寝所耗银两光有据可查的即达 27.6 万两。其中慈禧、光绪两人共捐献白银 5 万两。

醇亲王陵墓（俗称七王坟）坐西朝东，前方后圆，东西长 200 米、南北宽 40 米，整个墓园和围墙依山势而成三层，入口原有一座石墙，道路拓宽时拆去。在 99 级台阶之上，气喘吁吁的你可以看见一个平台，在这块小平原上倚松傍水建一单檐歇山屋顶的碑亭，亭内石碑极其巨大清晰。亭后一人工河称月亮河，河上架石拱神桥。过了桥后再上一段台阶，便看见第二个平台，这上面的园寝正门——隆恩门及左右两殿、享殿等已毁，就剩光台子了。再向西上两段小台阶，过两个单摆浮搁的门洞，便见第三个平台。高台之上几十棵高大的白皮松中间凸着 4 个坟包，当中最大的是醇亲王与嫡福晋叶赫那拉氏合葬墓，另外三个是他的三个满族侧福晋的墓，其实他还有一个汉族福晋，但由于种族歧视而葬处不明。

墓园南侧围墙外原有一棵千年银杏，此种树又称白果。白果下埋亲王，“白 + 王”便成了“皇”字，迷信多疑的慈禧想

醇亲王墓之碑亭

到此节大不高兴，令人将树伐去，谁知过了几年鬼使神差地在原地又长出一棵，一直活到今日，不知是否七王爷阴魂不散，在地下暗恨着自己的大姨子慈禧这只母老虎。

圜橋教澤

卷七

其他

如果说祭祀的目的是祈求神明保佑，那庙宇的作用大约是希望祖先们保佑吧。这里所列的庙宇不是指佛教、道教的庙，而是皇家特有的祭祖、祭先师的庙。此外，还有收藏皇家典籍的建筑。

皇史宬大殿

国子监

北京国子监在孔庙的西邻，始建于元代至元二十四年（公元 1287 年），称为国子学，明初毁弃，随后改为北平府学，明永乐初年（公元 1403 年）又改回，称国子学，后又称国子监，清乾隆四十九年（公元 1784 年）重修并扩建，是元、明、清三朝的国家最高学府。

元代这里是为国家造就人才的地方，在这里，蒙古族子弟可以学习汉人的文字习俗，汉人子弟也可学习蒙语和骑射。它可能是最早的民族学院吧。第一任校长，国子监祭酒许衡重视绿化，亲手栽下一棵槐树、一棵柏树。柏树依然健在，槐树却早已老得不成样子了。元皇庆二年（公元 1313 年），又添建崇文阁以藏元代图书。明宣德四年（公元 1429 年）修建国子监两庑以为宿舍。因为学生是择优录取，不少人家比较穷，为了保障他们的生活，政府又在旁边买了一大块地辟成菜园，学生们在这里勤工俭学种些菜，既解决了菜篮子问题，又让学生有锻炼身体的机会。明万历二十八年（公元 1600 年）国子监与

圜桥教泽牌坊

国子监辟雍

孔庙同时换上青色琉璃瓦，乾隆二年（公元1737年）又将青色琉璃瓦全部揭掉，换成黄琉璃瓦，后又换成灰筒瓦。这体现了该建筑被重视的程度吧。

南面的主入口有两重门：外门和太学门。太学门内有砖砌的黄琉璃牌坊“圜桥教泽”。这是北京地区唯一一座高校牌坊，牌坊两面的横额均为皇上御笔，体现当时对教育的重视。坊前钟鼓二楼，坊后御碑亭。

坊的正北就是国子监的中心建筑——辟雍，相当于现代的大礼堂。辟雍的平面形式是参考了古代关于“辟雍方形环以水”的说法而建的。面阔三间、四周有回廊的重檐攒尖方形建筑建在一圆形水池中央，四面有桥，远看像个巨型的花轿停在水中。北京城除了太和殿、天安门、祈年殿外，排行老四的建筑物，大概就算它了。要是评选的话，这四座应是当年的四大建筑了。它是在清乾隆四十九年（公元 1784 年）增建的。它的四面无墙，均装隔扇，以便讲学时敞开。而水池的水楞是在四周打了四眼井，把井水从暗道注入池中，以符风水之说。建成后第二年（公元 1785 年），乾隆皇帝曾来这里讲学，听讲的人过万。这个盛典，历史上叫“临雍”，是后世流传的一段佳话。

辟雍

辟雍

皇史宬

皇史宬在南池子大街南口路东，原皇城内东南角。它始建于明嘉靖十三年（公元1534年），原用来储藏明代历朝皇帝的《宝训》《实录》正本，以后《永乐大典》的副本也曾保存在这里（正本藏在紫禁城的文渊阁）。清代取而代之储存清代的《宝录》《圣训》《玉牒》等。清嘉庆十二年（公元1807年）曾重修，但其规模和主体建筑基本未变。当年正殿的额匾由嘉靖亲自书写，本来定名为“皇史藏”，嘉靖一个不留神，将“藏”字写成了“宬”字，正打算重新写过，一旁侍候的大臣张璁却大为称赞“写得好，写得好！”，于是将错就错地这个名字就沿用了下来。

这组建筑有一条南北向的中轴线，共两进院落。前院是狭长的信道（现为民居），外门在东西侧。院内中央北面为正门，门内主庭院为横矩形，坐北朝南的一座面阔9间单檐庑殿顶的大殿就是储存档案的皇史宬。此殿为全部用砖石砌成的无梁殿，其原因主要是为了防火，但也为了附会古代国家藏书处为

“金匮石室”之说。说也奇怪，嘉靖年间故宫屡屡失火，竟然连皇后都葬身火灾。大约是老天爷看着嘉靖盘剥百姓太重，人称“家净”皇帝，所以惩罚惩罚他。有鉴于此，嘉靖下令修了这座防火性极好的砖石房子。

大殿坐落在2米高的基座上，殿身是砖拱形成的一个筒壳，正面开5个券门做入口，每个门扇都做成两层，外石内木。殿墙厚达6米，两端山墙各开一个采光方窗。殿内东西长42米，南北进深10米。地上一座高1.2米的汉白玉须弥座，大小几乎与殿相同，上放152个鎏金铜皮包住的大木柜，这就是“金匮”，内存自明代以来的珍贵史料。殿前有平台，四周围以汉白玉栏杆，正中台阶间是云龙御路。

皇史宬外观为砖石仿木结构，檐下的柱头、额枋、斗拱、椽子都是砖石所做，骤视与木构建筑差不多，只是比一般木构建筑显得厚重。它的体形宏大，色调雅致，给人以明朗、庄重的感觉。

正殿东西两侧有配殿，面阔五间、进深三间。正面辟三座券门，封护檐下有石雕金钱气孔24个，南北山墙各设石砌方窗，室内档案木柜雕刻精美。

最后，咱们说点儿零碎事。

在所有皇家建筑的大门外，都有两只狮子守门。这狮子王经过烫头、发带、项链等一番乔装打扮，就从非洲森林里那个兽中之王跑到京城里当保安来了，而且还不忘带上老婆。它们

皇史宬大殿

的正式名字叫醒狮，意思是永远不许睡觉吧。

两口子虽然恩爱，却经常是这样的一左一右，咫尺天涯。这左右怎么分呢？你得站在醒狮后面的大殿门口，脸向外。你的左面就是左，那边是右，男左女右嘛。那当爸爸的一天就知道玩，玩踢足球，而孩子则归妈妈看着。哈哈，完全是人类社会的安排，强加于别的物种。

醒狮里的母狮

醒狮里的公狮

跋：我的北京

常常不明白我算不算是老北京。说不算吧，我确实在北京从 4 岁长到 60 几岁，如果继续活着（这种可能性极大），以后的日子恐怕也多数在北京过。以活到 84 岁计，在北京陆陆续续待 80 年，还不算“老”吗？说算吧，我不是在北京出生的。论起“生与斯，长于斯”，就有点儿底气不足。加之我生活的地域既不在北京城里，也不在北京乡下，而是在一个不城不乡的地方——清华大学里。对北京城里的好多物事儿，就不大了解。虽然不够纯粹，但我还是爱以北京人自居。我爱北京的一切：那如诗如画的风景、那四季分明的气候、那宏大气派的建筑。更爱北京人的一切：带些儿化的口音、苦中作乐的脾气、南北兼收的吃食。

谈到北京人，梁实秋如是说：“北平，不比十里洋场，人民的心理比较保守，沾染的洋习较少较慢。东交民巷是特殊区域，里面的马路特别平，里面的路灯特别亮，里面的楼房特别高，里面打扫得特别干净，但是望洋兴叹与鬼为邻的北平人却能视若无睹，见怪不怪。北平人并不对这一块自感优越的地方投以艳羡眼光，只有二毛子、准洋鬼子才直眉瞪眼地往里钻。地道的北平人，提着笼子架着鸟，宁可到城根儿去溜达，也不肯轻易踱进那一块瞧着令人生气的地方。”

而郁达夫又是怎样看北京的呢？他像谈自己的情人一般深情地写道：“所以在北平住上两三年的人，每一遇到要走的时候，总只感到北平的空气太沉闷，灰沙太暗淡，生活太无变化；一鞭子出走，出前门便觉胸舒，过卢沟方知天晓，仿佛一出都门，就上了新生活开始的坦道似的；但是一年半载，在北平以外的各地（除了在自己幼年的故乡以外）去一住，谁也会得重想起北平，再希望回去，隐隐地对北平害起剧烈的怀乡病来。”

北京人，固然是不同于中国其他地方乃至世界各地的人——以其天子脚下的地位，以其燕赵悲歌的情调，以其南北兼收的品味。但这些内在的东西，不易被人短时期所察觉。起码旅游的人不会是坐着飞机乘着火车专程品味北京人来的。然而北京的建筑明晃晃地戳在路旁，北京的长城弯曲曲地盘在山上，以其雄伟、华丽、端庄、气派，吸引着各地的人，也感动着北京人自己。这其中必有它的道理。看完这本书，也许你能对它的原因品出一两分来。那我的目的就达到了。

参考文献

[1] 傅熹年 . 傅熹年建筑史论文集 . 北京：文物出版社，1998.

[2] 梁思成 . 中国建筑史 . 天津：百花文艺出版社，1998.

[3] 程裕祯等 . 中国名胜古迹词典 . 北京：中国旅游出版社，2001.

[4] 中国历史年代表，第二版 . 北京：文物出版社，1994.

[5] 胡丕运 . 旧京史照 . 北京：北京出版社，1997.

[6] 罗哲文 . 透过镜头——中国古代建筑精华 . 郑州：大象出版社出版，2005.